Kennst du das Land?

Kennst du das Land?

Deutschlandgedichte

Herausgegeben von
Volker Meid

Philipp Reclam jun. Stuttgart

RECLAM TASCHENBUCH Nr. 20241

Reihengestaltung: büroecco!, Augsburg
Umschlagfoto und Gestaltung: Stefan Schmid, Stuttgart
Gesamtherstellung: Reclam, Ditzingen
Printed in Germany 2012

ISBN 978-3-15-020241-8

www.reclam.de

Inhalt

Vorbemerkung

Gedichte über Deutschland, »heilig Herz der Völker« (Friedrich Hölderlin) oder auch »unheilig herz der völker« (Hans Magnus Enzensberger),[1] haben ihre Unschuld verloren. Die Rede vom ›Vaterland‹ ist ein Problem in Deutschland, vielleicht ein spezifisch deutsches Problem. Das muss angesichts der jüngeren Geschichte nicht verwundern. Wie sich nun der Blick auf das eigene Land – und sein Verhältnis zur Welt – im Lauf der Jahrhunderte bis hin zur neueren kritischen Selbsterforschung und Identitätssuche verändert hat, spiegelt sich auf höchst anschauliche und durchaus widerspruchsvolle Weise in den hier versammelten Deutschlandgedichten von Walther von der Vogelweide bis zur Gegenwart.

So ist die Anthologie nicht zuletzt auch ein Geschichtsbuch der besonderen Art, dessen Autoren mit ihren Gedichten und Liedern das historische Geschehen begleiten. Die Texte sind daher weitgehend chronologisch angeordnet. Anlässe zu besonders intensiver poetischer Produktion bieten, wie nicht anders zu erwarten, Krisen- und Umbruchzeiten, Perioden nationaler Hoffnungen oder Enttäuschungen. Das heißt auch, dass ästhetische Gesichtspunkte nicht das bestimmende Kriterium für die Aufnahme in diese Anthologie sein konnten, die ein breites Spektrum der politischen Reflexionen, Meinungen und Reaktionen vorstellen und die unterschiedlichen Funktionen politischer Dichtung und ihre sprachlich-rhetorischen Strategien sichtbar machen möchte.

Angesichts der heutigen Skepsis gegenüber hochgemutem nationalen lyrischen Sprechen, die die Gedichte der letzten Jahrzehnte nach der Katastrophe des Zweiten Weltkriegs und der Korrumpierung der deutschen Sprache durch den Nationalsozialismus ausstrahlen, bietet die Sammlung zugleich eine Bestandsaufnahme, einen historischen Rückblick auf ein Genre, dem möglicherweise keine Zukunft mehr beschieden ist – und das durch rück-

1 Hölderlin, s. S. 86; Hans Magnus Enzensberger in dem Gedicht *landessprache*, das den gleichnamigen Gedichtband (Frankfurt a. M. 1960, S. 12) eröffnet. Eine umfassende kritische Darstellung zu diesem Thema, der diese Arbeit viel verdankt, legte Jürgen Schröder vor: *Deutschland als Gedicht. Über berühmte und berüchtigte Deutschland-Gedichte aus fünf Jahrhunderten in fünfzehn Lektionen*, Freiburg i. Br. 2000.

wärtsgewandte Leitkulturdebatten wohl ebenso wenig zu beleben ist wie durch Sportereignisse (›Sommermärchen‹) mit Fähnchenschwingen und Fan-Gesängen.

Das Vorwort gibt keine Leseanleitung, sondern dient allein der Einordnung der Texte in ihre geschichtlichen und literarischen Zusammenhänge. Ohne deren Berücksichtigung lassen sich viele der Gedichte kaum in ihren ursprünglichen Intentionen verstehen, die allerdings in der späteren Rezeption keinen Bestand haben müssen. Als Druckvorlagen dienten, soweit möglich bzw. erreichbar, Erstausgaben oder andere zeitgenössische Drucke. Bei der Wiedergabe von Texten bis zur Mitte des 18. Jahrhunderts blieben Orthographie und Interpunktion uneingeschränkt erhalten. Bei den späteren Texten wurde die Orthographie vorsichtig dem heutigen Gebrauch angeglichen, ausgenommen allerdings Interpunktion, Groß- und Kleinschreibung, Zusammen- und Getrenntschreibung sowie einige zeittypische Besonderheiten. Neuere Gedichte, die urheberrechtlich geschützt sind, blieben unverändert.

Vorwort

Deutschland? Deutschland als Nationalstaat ist bisher nur eine Episode der deutschen Geschichte: von 1871 bis 1945 und dann wieder seit 1990, nun in einem europäischen Rahmen hoffentlich der »Zukunft zugewandt« (Johannes R. Becher, S. 182). Die Kinderverse unter der Überschrift *Wenn die Kinder auf der Erde herum rutschen* aus dem Anhang zur Liedersammlung *Des Knaben Wunderhorn* lesen sich zwar als Kommentar zur formalen Auflösung des Reiches 1806, können aber ebenso als Motto für die vorhergehenden Jahrhunderte gelten:

Guck hinüber, fuff herüber,
Wohl über die Straß hinum,
Kann Deutschland nicht finden,
Rutsch alleweil drauf rum.[2]

Denn das Heilige Römische Reich Deutscher Nation, nicht nur im Mittelalter ohnehin kein nach nationalen Kriterien definierbares politisches Gebilde, war längst zur Fiktion, zu einer Art Suchfigur geworden, Ausdruck einer Sehnsucht, die sich schließlich angesichts der politischen Ohnmacht des Volkes, der Untertanen, in höheren Sphären Erfüllung suchte. Goethe und Schiller, nationalen Überschwangs unverdächtig, registrieren das gegen Ende des alten Reiches ohne Bedauern. Auch sie finden das Land nicht auf der realen politischen Landkarte:

Deutschland? aber wo liegt es? Ich weiß das Land nicht zu finden,
Wo das gelehrte beginnt, hört das politische auf. (S. 84)

I

Politische Dichtung bezieht sich auf die jeweilige Gegenwart, doch können Texte in späteren Epochen, unter veränderten Umständen rezipiert, einen anderen Sinn und damit neue Aktualität erhalten.

2 *Des Knaben Wunderhorn. Alte deutsche Lieder*, ges. von Achim von Arnim und Clemens Brentano, krit. Ausg. hrsg. und komm. von Heinz Rölleke, Bd. 3, Stuttgart 2006, Anhang [Kinderlieder, 74c], S. 294.

Das ›Preislied‹ Walthers von der Vogelweide (»Ir sult sprechen willekomen«) vom Anfang des 13. Jahrhunderts, ursprünglich ein Minnelied, avancierte im Zug der patriotischen Mittelalterrezeption des 19. Jahrhunderts zu einem ›Deutschlandlied‹. Seinem Dichter gebühre, heißt es bei Ludwig Uhland, »unter den altdeutschen Sängern vorzugsweise der Name des *vaterländischen*«.[3] Das »edle Gefühl« der »Vaterlandsliebe« sei »die Seele eines bedeutenden Theils seiner Dichtungen«.[4]

Nun ist die politische Lyrik Walthers zum Teil Dichtung im Dienst (oder Auftrag) des Reiches bzw. seiner Herrscher, und das bedeutet angesichts der politischen Konstellation meist auch Kampf gegen die römische Kirche und den Papst, eine nicht nur zu Zeiten des Kulturkampfs in der zweiten Hälfte des 19. Jahrhunderts geschätzte Haltung. Aber das mittelalterliche Reich war ein übernationales Gebilde, und der Kaiser, dem Walther schließlich materielle Sicherheit verdankte, war trotz staufischer Vorfahren gewiss kein Deutscher und hatte sein Machtzentrum in Sizilien und Süditalien: »Von Rome voget, von Pülle künic« (Schirmherr von Rom, König von Apulien), nennt er Friedrich II. in einem Bittgedicht.[5] Deutschland und Deutsch sind für ihn keine politischen Begriffe im modernen Sinn, sondern besitzen eher eine ethische und kulturelle Qualität. Sie dienen der Abgrenzung und der Polemik in den aggressiven Gedichten gegen Papst und Klerus, sie lassen sich aber auch einfach funktional und ohne Abwertung des Nichtdeutschen im Tugend- und Schönheitspreis des berühmten ›Preislieds‹ verwenden, das erst später zum politischen Gedicht wurde.

Mit der Rezeption von Tacitus' *Germania* im Humanismus und der zur gleichen Zeit einsetzenden Expansion des Osmanischen Reichs erhielt das Deutschlandthema eine neue Qualität. Einerseits entstand im Anschluss an Tacitus ein folgenreicher Germania-Mythos, der die Grundlage eines allmählich wachsenden deutschen Nationalgefühls bildete, andererseits führte die Bedrohung von außen zur Forderung nach innerem Zusammen-

3 Ludwig Uhland, *Walther von der Vogelweide, ein altdeutscher Dichter*, Stuttgart/Tübingen 1822, S. 32.

4 Ebd., S. 31.

5 Walther von der Vogelweide, *Gesamtausgabe*, mhd./nhd., hrsg. von Günther Schweikle, Bd. 2: Spruchlyrik, Stuttgart ^{2}2005, S. 126.

halt, eine Forderung, die angesichts der Glaubensspaltung im ohnehin zersplitterten Reich allerdings keine Aussicht auf Erfolg hatte.

Die *Germania* war Mitte des 15. Jahrhunderts vom Kloster Fulda in die Hände italienischer Humanisten gelangt und zuerst 1470 in Venedig und dann 1473 in Nürnberg gedruckt worden. Resonanz fand der Text bei deutschen Humanisten seit etwa 1500. Nachdem der ›Erzhumanist‹ Conrad Celtis 1500 eine Edition der *Germania* veröffentlicht hatte, ließ der Elsässer Jacob Wimpheling 1501 eine eigene *Germania* folgen, eine patriotisch-pädagogische Schrift, die die Zugehörigkeit des Elsass zum Deutschen Reich historisch zu begründen suchte: Laut Tacitus habe sich die römische Provinz Gallien nie bis zum Rhein erstreckt, das linke Rheinufer sei immer germanisch gewesen. Die Polemik um den ›freien deutschen Rhein‹ kündigt sich bereits hier an.

Literarisch folgenreicher noch als das Bestreben, berechtigte oder unberechtigte Gebietsansprüche im Rückgriff auf Tacitus historisch zu begründen, waren allerdings dessen Bemerkungen über die Germanen selbst, über ihren Charakter und ihre Lebensweise. Unbeeindruckt von Fragen der historischen Kontinuität erklärte man die den Germanen zugeschriebenen Eigenschaften zu identitätsstiftenden Wesensmerkmalen der heutigen Deutschen. So war dem im Humanismus aus Tacitus' *Germania* erschlossenen Tugendkatalog eine lange Lebensdauer beschieden: Die unvermischten Ureinwohner, groß, blauäugig, rotblond, zeichnen sich unter anderem durch Tapferkeit, Treue, Freiheitsstreben, Offenheit, Redlichkeit, Gastfreundschaft, Sittenstrenge und eine jedem Luxus (Kleidung, Schmuck) abholde Lebensweise aus, Stereotypen, die in Variationen immer wiederkehren. Die ebenfalls genannten Defizite – zum Beispiel Trägheit und Schläfrigkeit im Frieden, Trunk- und Spielsucht – treten in den Hintergrund. Sie geraten nur dann ins Blickfeld, wenn es nicht um Tugendpreis, Nationalstolz oder die Kompensierung von Minderwertigkeitskomplexen gegenüber politisch, wirtschaftlich oder kulturell überlegenen Nachbarn geht, sondern um Appelle in Krisen- und Notzeiten, um Aufrufe, nicht in Lastern zu versinken und sich wieder auf die alten Tugenden zu besinnen.

Das gilt für die Mahnungen angesichts der Glaubensspaltung und der Bedrohung durch das Osmanische Reich im 16. Jahrhundert ebenso[6] wie für die Deutschlandgedichte des 17. Jahrhunderts, eines Zeitalters, in dem der Dreißigjährige Krieg nur den Höhepunkt in einer Reihe von kriegerischen Auseinandersetzungen bildete. Ein apokalyptisches Gesamtbild des Dreißigjährigen Krieges mit seinen verheerenden Folgen evozierte Gryphius in seinem berühmten Sonett *Threnen des Vatterlandes / Anno 1636*. Dagegen schlug der im englischen Exil lebende Georg Rodolf Weckherlin in seinen zahlreichen politischen Gedichten militante Töne an. Auch sein Sonett *An das Teutschland* (S. 65) ist kein Gedicht der Klage, sondern ein politisch (und konfessionell) motivierter Aufruf zum Kampf gegen die »Tyranney«, der die deutsche Freiheit mit der protestantischen gleichsetzt.[7] Wenn er hier an Deutschlands »altes hertz«, das heißt seine Tapferkeit, appelliert, so weist er damit ebenso auf Momente des von Tacitus abhängigen Deutschlandbilds zurück wie Logau mit der Klage über den Verlust der Redlichkeit.

Dagegen zielt Abschatz mit dem mit verächtlicher Tiermetaphorik aufgeladenen Gedicht *Eisen-Hüttel*, wie vorher Weckherlin, auf militärische und politische Aktion, nun im Hinblick auf die französische Expansionspolitik in den letzten Jahrzehnten des 17. Jahrhunderts. Aber zugleich klagt auch er, vor der Folie der großen germanischen Vergangenheit, über die gegenwärtige moralische und politische Verfassung Deutschlands. Die Erkenntnisse, die eine germanische Seherin in *Alrunens Warnung an Deutschland*, einem längeren Alexandrinergedicht, mit ihrem Blick vom Sieg Hermanns über die Römer in die Zukunft – und das heißt in die aktuelle Gegenwart – gewinnt, bestätigen alle Stereotypen des Deutschlandbilds der Frühen Neuzeit. Als Folge des Verlusts der alten deutschen Tugenden, der Verweichlichung, der Überfremdung, der freiwilligen Unterwerfung unter fremde Dienstbarkeit und nicht zuletzt der innerdeutschen Zwietracht droht der Verfall des Reiches: Deutschland werde »nicht wieder

6 Zur Publizistik zu diesen Themen vgl. Alexander Schmidt, *Vaterlandsliebe und Religionskonflikt im Alten Reich (1555–1648)*, Leiden/Boston 2007, S. 240ff., 290ff.; Şenol Özyurt, *Die Türkenlieder und das Türkenbild in der deutschen Volksüberlieferung vom 16. bis zum 20. Jahrhundert*, München 1972.

7 Vgl. Volker Meid, »Ein politischer Deutscher. Zu Weckherlins Sonett *An das Teutschland*«, in: *Gedichte und Interpretationen*, Bd. 1, *Renaissance und Barock*, hrsg. von V. M., Stuttgart 1982 [u.ö.], S. 149–158. Vgl. auch allgemein zu Deutschlandgedichten im 17. Jahrhundert Schmidt (Anm. 6), S. 363–369.

was es war«, bis es zur Einheit unter einem starken Herrscher zurückfindet. Die Verfallsschilderung mündet folgerichtig in den Weckruf: »Wacht / Helden-Kinder / auff«![8]

II

Im 18. Jahrhundert tritt das Deutschlandthema zunächst zurück, Konsequenz der Erkenntnis, dass das Heilige Römische Reich Deutscher Nation nun endgültig nur noch eine Fiktion darstellte; die größeren Territorien, Österreich und Preußen vor allen anderen, bestimmen das Geschehen. Darauf gibt es unterschiedliche Reaktionen. Zum einen ist diese in kriegerische Auseinandersetzungen mündende Konstellation (Kriege um Schlesien, Österreichischer Erbfolgekrieg, Siebenjähriger Krieg) Gegenstand der Klage um den Zustand des Reichs, zum anderen führt sie zu patriotischen Kriegsgesängen, die die Reichsidee zugunsten eines Territorialpatriotismus meist preußischer Art aufgeben.

Wenn Johann Peter Uz um die Jahrhundertmitte *Das bedrängte Deutschland* beklagt (S. 68), greift er auf das seit der Reformation vielfach berufene Thema der deutschen Zwietracht zurück und verbindet es mit den alten taciteischen Topoi: Trägheit, Verweichlichung und Abkehr von den alten deutschen Heldentugenden. Der Kaiser fällt als Garant der Ordnung und des Friedens aus (»Der Adler sieht entschlafen zu«), ein neuer Hermann ist nicht in Sicht. Angesichts der Aussichtslosigkeit der Lage sind alkäische Kriegslieder sinnlos; was bleibt, ist Resignation, der Rückzug in eine anakreontische Gegenwelt mit Gesängen von Liebe und Wein.[9]

Die Flucht ins Anakreontisch-Unverbindliche machte jedoch nicht Schule. Den Anlass für die Produktion von zahlreichen Kriegsliedern lieferte wenig später der Siebenjährige Krieg (1756–1763). Diese Texte vermitteln nicht nur eine neue Sicht des Krieges – es geht um Heroismus und Ruhm, nicht um Klage oder Anklage –, sondern sie verlieren auch das Deutschlandthema zugunsten der neuen politischen Realitäten aus den Augen: Der Zerfall

8 Hans Aßmann von Abschatz, *Poetische Ubersetzungen und Gedichte*, Leipzig/Breslau 1704 [Faksimiledruck, hrsg. von Erika A. Metzger, Bern 1970], S. 58 [der »Ehren-Gedichte« mit eigener Seitenzählung].

9 Vgl. Peter Pütz, »Aufklärung«, in: *Geschichte der politischen Lyrik in Deutschland*, hrsg. von Walter Hinderer, Würzburg 2007, S. 136.

des Reiches ist ein akzeptiertes Faktum und wird nicht einmal thematisiert. So verengt sich im preußisch-österreichischen Konflikt, der sich zu einem europäischen Krieg ausweitete, der patriotische Blick auf die Territorialmächte. Obwohl sich auch die österreichische Seite an dem Genre beteiligte,[10] gewinnt man den Eindruck, dass die neue Form der Kriegsdichtung bei den preußischen Dichtern am besten aufgehoben ist. Als paradigmatisch kann der Gedichtband *Preussische Kriegslieder in den Feldzügen 1756 und 1757 von einem Grenadier* (1758) gelten, in dem Johann Wilhelm Ludwig Gleim einen einfacher Soldaten preußisch patriotische Gesinnung zusammen mit einer ins Religiöse reichenden Verehrung des ›Helden‹ und ›Menschenfreunds‹ Friedrichs II. demonstrieren lässt: »Krieg ist mein Lied! [...] Berlin sey Sparta!«, heißt es in dem Eingangsgedicht *Bey Eröfnung des Feldzuges 1756*.[11] Eine frühe ›kleindeutsche‹ Lösung.

Dabei gehört die verächtliche Behandlung der Gegner zum Tenor der Lieder. Gleim im *Schlachtgesang bey Eröfnung des Feldzuges 1757*: »Aus deinem Schädel trinken wir / Bald deinen süssen Wein, / Du Ungar! Unser Feldpanier / Soll solche Flasche seyn«.[12] Die Polarisierung und der hyperbolische Extremismus des Freund-Feind-Denkens hatte Zukunft. In der Gegenwart teilte Gleim diese Tendenzen mit Dichtern bzw. Dichterinnen wie Ewald Christian von Kleist, Karl Wilhelm Ramler oder Anna Louisa Karsch: Verherrlichung auf der einen Seite, Verunglimpfung der Feinde auf der anderen. Beispielhaft dafür ist die *Ode an die preußische Armee* aus dem Jahr 1757 von Kleist, einem Mann, der nur widerwillig Offizier war und 1759 an den Folgen einer in der Schlacht von Kunersdorf empfangenen Verwundung starb. Da müssen »Legionen Feinde«, »niederträchtge Scharen« bzw. »Barbaren / Und Ungeheur« »den kleinen Haufen fliehn«, der für Gerechtigkeit und Ehre kämpft und dem Wahlspruch »Siegen oder Sterben« verpflichtet ist: »Ich seh, ich sehe schon – freut euch, o Preußens Freunde! – / Die Tage deines Ruhms sich nahn.«[13]

10 Hinweise bei Pütz (Anm. 9), S. 139.

11 Johann Wilhelm Ludwig Gleim, *Preussische Kriegslieder in den Feldzügen 1756 und 1757 von einem Grenadier*, Berlin o. J. [1758], S. 3.

12 Ebd., S. 29 f.

13 Ewald Christian von Kleist, *Sämtliche Werke*, hrsg. von Jürgen Stenzel, Stuttgart 1971, S. 94 f.

Erst mit Klopstock und den von ihm inspirierten jungen Dichtern des Göttinger Hains wird das ›ganze Deutschland‹ wieder mehr als ein nur beiläufiges Thema der Lyrik. Das geschieht nun entsprechend der Vorstellung Klopstocks vom Dichter als Seher und Künder in einem bisher nicht gekannten, fast religiösen Pathos; der neue, erhabene Stil wird nun auch für vaterländische Themen fruchtbar gemacht. Das Vorbild hierfür bietet die durch die Ossian-Mode[14] angeregte ›Bardendichtung‹, die mit der Hinwendung zu einer mehr oder weniger fiktiven germanischen bzw. altdeutschen Vergangenheit und Mythologie einem vagen Nationalbewusstsein Vorschub leistete. Programmatisch wirkte Klopstocks Ode *Der Hügel, und der Hain* (1767) – ihr verdankt der Göttinger Bund wohl seinen Namen –, die in einem Wechselgesang davon spricht, dass der germanische Hain den antiken Parnass als Sitz der Musen abgelöst habe.

Klopstocks ›vaterländische‹ Lyrik, die seit den sechziger Jahren erschien, ist zwar erfüllt von patriotischer Emphase, von Freiheitsstreben und Tyrannenhass, vom Preis deutscher Tugenden bis hin zur Einladung zur Nachahmung bzw. Parodie (»Ich bin ein deutsches Mädchen«, S. 73)[15], aber der Patriotismus und die Abgrenzung vom Ausland (*Wir und Sie*, 1766; *Überschätzung der Ausländer*, 1781) schließen aufklärerischen Kosmopolitismus nicht

14 Auslöser waren die Ossiandichtungen bzw. -fälschungen des schottischen Dichters James Macpherson mit ihrem Rückgriff auf eine mythische keltische Vorzeit, verbunden mit sentimentaler Natursehnsucht und melancholisch-elegischer Empfindsamkeit (*Fragments of Ancient Poetry Collected in the Highlands of Scotland*, 1760; *Fingal*, 1762; *The Works of Ossian, the Son of Fingal*, 1765).

15 Vgl. Luise Hensels Text (S. 97) und Matthias Claudius' Variation unter dem Titel *Auch ein Lied*, das mit den Worten »Ich bin ein deutscher Jüngling!« beginnt (*Der Göttinger Dichterbund*, hrsg. von August Sauer, Tl. 3, Berlin/Stuttgart o.J. [1888], S. 265 f.). – In dem 1773–75 entstandenen Heft D der *Sudelbücher* Georg Christoph Lichtenbergs heißt es: »Es gibt heuer eine gewisse Art Leute, meistens junge Dichter die das Wort *Deutsch* fast immer mit offnen Naslöchern aussprechen. Ein sicheres Zeichen daß der Patriotismus bei diesen Leuten sogar auch Nachahmung ist. Wer wird immer mit dem Deutschen so dicke tun? Ich bin ein deutsches Mädchen, ist das etwa mehr als ein englisches, russisches oder otaheitisches? Wollt ihr damit sagen daß die Deutschen auch Geist und Talent besitzen? O das leugnet nur ein Unwissender oder ein Tor. [...] Ich bitte euch Landesleute, laßt diese gänzlich unnütze Prahlerei« (*Schriften und Briefe*, hrsg. von Wolfgang Promies, Bd. 1, München ²1973, S. 297 f.).

aus. Vaterlandsliebe und Weltbürgerlichkeit mögen zwar in einem spannungsvollen Verhältnis zueinander stehen, sind aber keine Gegensätze. Das machen nicht zuletzt die Gedichte zur Französischen Revolution deutlich, die Klopstock, wie alle Freiheits- und Emanzipationsbestrebungen seiner Zeit, enthusiastisch begrüßte und von der er sich erst nach den blutigen Exzessen der Schreckensherrschaft seit 1793 distanzierte. Die Feier von »Galliens Freiheit« als Jahrhundertereignis ist uneingeschränkt, wenn sie auch umgekehrt darauf verweist, dass es eben nicht das eigene Vaterland war, das – den anderen Völkern zum Beispiel – »der Freiheit Gipfel erstieg« (S. 79). Da vermag es auch nicht trösten, dass Deutschland mit der Reformation, der religiösen Revolution, eine Vorläuferrolle spielte. Der Preis der errungenen Freiheit in Amerika und Frankreich verbindet sich mit einem durchaus elegischen Patriotismus, und so können diese Gedichte mit ihrem dezidiert politischen Charakter auch als Korrektiv und Komplement zum emphatischen, wenn auch nicht militanten Ton der früheren Ode *Mein Vaterland* gelten (1768; S. 70).

Bei seinen Anhängern im Göttinger Hain verengt sich der Blick. Ihnen fehlt die Zurückhaltung Klopstocks, ihr Lobpreis des deutschen Vaterlands, seiner Bewohner und ihrer zivilisatorischen Taten kennt keine Grenzen, so, als wollten sie den Schweizer Johann Georg Zimmermann Lügen strafen, der in seinem mehrfach aufgelegten und erweiterten Buch *Vom Nationalstolze* (zuerst 1758) bei den Deutschen kaum Beispiele eines lächerlichen oder närrischen Nationalstolzes gefunden hatte.[16] Jedenfalls erscheint die Beschwörung der deutschen Tugenden bei den Hainbündlern eher naiv provinziell und die Freiheitsrhetorik ebenso abstrakt wie die Sehnsucht nach ruhmvollen Taten: »Ich höre schon der Reisigen Huf, / Und Kriegsdrommete! sehe mich schon, / Liegend im blutigen Staube, / Rühmlich sterben fürs Vaterland!« (S. 77), heißt

16 Nach Zimmermann seien die Beispiele eines närrischen Nationalstolzes bei den Deutschen deswegen ungemein selten (und allenfalls gelegentlich an den Universitäten, in Reichsstädten und beim Adel zu finden), weil es ein Volk sei, »das die Werke seiner Künstler verachtet, seiner Poeten zuerst spottet, fremde Arbeit und ausländische Gelehrte vorzüglich lobt [...]. Dieses Volk verachtet sich selbst, es hasset sich« (Johann Georg Zimmermann, *Vom Nationalstolze*. Vierte, um die Hälfte vermehrte und durchaus verbesserte Auflage, Frankfurt a.M. / Leipzig 1783, S. 7 f.).

es in der Vision am Ende des Klopstock gewidmeten Gedichts *Mein Vaterland* von Friedrich Leopold zu Stolberg. Was sich in diesem noch relativ zurückhaltenden Gedicht nur andeutet, der Übergang von eiferndem Patriotismus zu Chauvinismus und heftiger Abwehr alles Fremden, ist bei den Dichtern des Freundschaftsbundes immer möglich. Gerade antifranzösische Ressentiments gehören seit der Gründung des Bundes 1772 sozusagen zur mentalen Grundausstattung der jungen Poeten, und die Personifizierung des verderblichen Einflusses aus dem Westen sehen sie in dem »Wollustsänger« Wieland:[17] »wir [...] gingen bis Mitternacht in meiner Stube ohne Licht herum, und sprachen von Deutschland, Klopstock, Freiheit, großen Thaten, und von Rache gegen Wieland, der das Gefühl der Unschuld nicht achtet«, heißt es in einem Brief von Johann Heinrich Voß vom 16. Juni 1773 über ein Treffen mit Dichterfreunden.[18] Die Stimmung bei der Gründung des Bundes im September 1772 gibt Ludwig Christoph Heinrich Höltys *Bundsgesang* wieder (S. 74).

Neben dergleichen enthusiastischen Verlautbarungen stehen Klagen und Anklagen, die den Topos vom sittlichen und politischen Niedergang der Deutschen aufnehmen, der als Folge der Unterwerfung unter die römische Kirche und des verderblichen Einflusses der Laster Galliens erscheint. Ein eher grobes, wenn auch

17 Von Ludwig Christoph Heinrich Hölty stammt eine *Der Wollustsänger* überschriebene Ode (*Höltys sämtlich hinterlaßne Gedichte*, hrsg. von Adam Friedrich Geisler, Halle 1783, Tl. 2, S. 123–125). – »Nichts ist lustiger als wenn sich die *Nonsense*-Sänger über die Wollustsänger hermachen, die Gimpel über die Nachtigallen. Sie werfen Wielanden vor, daß er die junge Unschuld am Altar der Wollust schlachtete, bloß weil der Mann, unter so vielen verdienstlichen Werken, die die junge Unschuld nicht einmal versteht, auch ein paar allzu freie Gedichte gemacht hat, die noch überdas mehr wahres Dichter-Genie verraten als alle Oden voll falschem Patriotismus für ein Vaterland, dessen bester Teil alles das Zeug zum Henker wünscht«, kommentiert der Göttinger Professor Lichtenberg ungnädig »das rasende Oden-Geschnaube« der Jünglinge in einem Brief (*Schriften und Briefe*, hrsg. von Wolfgang Promies, Bd. 4, München 1967, S. 226f.).

18 Johann Heinrich Voß, *Briefe*, hrsg. von Abraham Voß, Bd. 1, Halberstadt 1829, S. 218. – Bei der Feier von Klopstocks Geburtstag am 2. Juli 1773, so berichtet Voß in einem Brief vom 4. August 1773, zündeten die Hainbündler beim Kaffee ihre Pfeifen mit Wieland-Texten als »Fidibus« an, »und zuletzt verbrannten wir Wielands Idris und Bildnis« (ebd., S. 144f.); gemeint ist Wielands Verserzählung *Idris und Zenide. Ein romantisches Gedicht* (1768).

teilweise unfreiwillig komisches Beispiel dafür ist das Gedicht *Deutschland* von Johann Heinrich Voß, das er Stolberg im Gründungsjahr des Bundes widmete. Während sich im Dichterbund gleichsam die letzten Aufrechten sammeln, gilt für die anderen:

Nach Wollust schnaubt der lodernde Jüngling jetzt,
Der Mann nach Gold; im dämmernden Myrtenhain
Lustwandeln frecher Mädchen Chöre,
Schmachtend in Galliens geilen Tönen.[19]

Neben der Vaterlandrhetorik, Ressentiments inklusive, eint die Dichter des Hainbunds die damit verbundenen Themen Freiheit und Tyrannenhass. Sie gehören auch lange nach der Auflösung des Bundes zum Repertoire der ehemaligen Mitglieder und ihres Vorbilds Klopstock, sind aber ebenso charakteristisch für den Sturm und Drang und die ihm nahestehenden Dichter.

III

Mit dem Ausbruch der Französischen Revolution erhält die politische Lyrik eine neue Aktualität und Brisanz. Neben Beiträgen bekannter Autoren wie Klopstock, Bürger oder Schubart erscheint eine Fülle von Gedichten und Liedern, die – pro und kontra – das Meinungsbild zu beeinflussen suchen und Agitation betreiben.[20] Beliebt waren Bearbeitungen und Kontrafakturen der Marseillaise. Die Verfasser der häufig in Flugblättern und Zeitungen verbreiteten Texte blieben vielfach anonym. Politische Dichtung wird zu einem Massenphänomen.

Neben die unmittelbare politische Wirkungsabsicht, die vor allem die deutsche jakobinische Dichtung prägt, tritt die Reflexion, denn mit der Revolution und ihren Folgen bzw. ihrer Folgenlosigkeit bleibt die Frage nach Deutschland offen. Skeptisch sind die Antworten Goethes und Schillers, während sich bei Hölderlin die

19 *»Für Klopstock«. Ein Gedichtband der Göttinger ›Hains‹, 1773*. Nach der Handschrift im Hamburger Klopstock-Nachlaß zum erstenmal hrsg. […] von Anton Lübbering, Tübingen 1957, S. 73. – Zu diesem Gedicht im Kontext der verwandten Texte von Klopstock und Stolberg vgl. Schröder (Anm. 1), S. 128 ff.

20 Vgl. die Anthologie *Gedichte und Lieder deutscher Jakobiner*, hrsg. von Hans-Werner Engels, Stuttgart 1971.

Kritik an der durch Entfremdung und Vereinzelung charakterisierten Gegenwart mit der Verheißung einer die Gegensätze versöhnenden Zukunft verbindet. Die aggressive Deutschlandschelte im zweiten Band des *Hyperion* (1799) – »ich kann kein Volk mir denken, das zerrißner wäre, wie die Deutschen«[21] – bezieht sich auf eine Seite der deutschen Wirklichkeit, auf eine andere, hoffnungsvollere verweist die fragmentarische Ode *An die Deutschen* (1798/1800):

Spottet ja nicht des Kinds, wenn es mit Peitsch' und Sporn
  Auf dem Rosse von Holz mutig und groß sich dünkt,
    Denn, ihr Deutschen, auch ihr seid
      Tatenarm und gedankenvoll.

Oder kömmt, wie der Strahl aus dem Gewölke kömmt,
  Aus Gedanken die That? Leben die Bücher bald? [...][22]

Charakteristisch für viele Gedichte Hölderlins ist eine Dynamik, die von der Trauer um das verlorene Ideal, der ursprünglichen Einheit des menschlichen Lebens im Einklang mit der Natur und den Göttern, zur visionären Hoffnung auf eine neue Zeit und eine neue Gesellschaft führt, auf eine Welt der Harmonie, die – wie im antiken Griechenland in der Vorstellung Hölderlins – göttlich inspiriert ist und in der die Widersprüche versöhnt sind. Das Scheitern der Französischen Revolution und der mit ihr verbundenen Utopie einer grundlegenden Erneuerung des politischen und gesellschaftlichen Lebens in republikanischem Geist hatte den Gedanken entstehen lassen, einen ›unpolitischen‹ Weg, den der Erneuerung durch eine geistige Revolution, zu beschreiten.[23]

Hölderlin schreibt der Poesie die Kraft zu, das in der Antike verwirklichte Ideal für die Gegenwart wiederzugewinnen, in der Hoffnung, dass die alle Lebensbereiche umfassende Erneuerung

21 Friedrich Hölderlin, *Sämtliche Werke und Briefe*, hrsg. von Jochen Schmidt, Frankfurt a. M. 1992–94, Bd. 2, 1994, S. 168.

22 Hölderlin (Anm. 21), Bd. 1, 1992, S. 202 (Fassung von 1798; Fassung von 1800 ebd., S. 235–237).

23 Vgl. Hölderlins Brief an Johann Gottfried Ebel vom 10. Januar 1797 über »eine künftige Revolution der Gesinnungen und Vorstellungsarten«: *Sämtliche Werke und Briefe* (Anm. 21), Bd. 3, 1992, S. 252.

von Deutschland aus auf das gesamte Abendland ausstrahlen und die ersehnte friedliche Einheit bringen würde. Diese Vorstellung von einer Wiedergeburt des griechischen Ideals in Deutschland steht in einem geschichtsphilosophischen Kontext, in dem die alte Lehre von den einander ablösenden Weltreichen anklingt, die bereits in Humanismus und Barock auch auf die Poesie übertragen worden war, auf die Wanderung der Musen vom griechischen Parnass nach Rom und dann über die Alpen in die deutschsprachigen Länder.[24] In der Hymne *Germanien* (1801) heißt es mit Anspielungen auf Zeus und Ganymed über diesen Weg des Göttlichen und der Kultur von Osten nach Westen:

> Und der Adler, der vom Indus kömmt,
> Und über des Parnassos
> Beschneite Gipfel fliegt, hoch über den Opferhügeln
> Italias, und frohe Beute sucht
> Dem Vater, nicht wie sonst [einst], geübter im Fluge
> Der Alte, jauchzend überschwingt er
> Zuletzt die Alpen und sieht die vielgearteten Länder.[25]

Auch die Ode *Gesang des Deutschen* von 1799 (S. 86) deutet diesen Weg an, wenn Hölderlin sein liebevolles, aber nicht unkritisches Bild Deutschlands und der Deutschen in die Erwartung des von Land zu Land wandernden »Genius« münden lässt, in eine Verheißung, deren Erfüllung aber noch bevorsteht und nur fragend antizipiert werden kann: »Wo ist dein Delos, wo dein Olympia, / Dass wir uns alle finden am höchsten Fest?«

Dieses Deutschland ist ein Land der Liebe, des Friedens, der Wissenschaft und der Kultur, der schönen Landschaften und Städte, aber – das machen die Anfangsstrophen deutlich – nicht frei von

24 Vgl. z. B. Conrad Celtis' Ode *Ad Apollinem* von 1486 (*Lateinische Gedichte deutscher Humanisten*, lat./dt., hrsg. von Harry C. Schnur, Stuttgart ²1978, S. 54 f.), Johann Klajs Gedicht nach Jacob Balde *Die Ziegeunerische Kunstgöttinnen / oder Der freyen Künste und Wissenschaften Reisefahrt aus eim Königreiche in das ander* (in: Georg Philipp Harsdörffer, *Gesprächspiele*, Tl. 6, Nürnberg 1646 [Faksimiledruck Tübingen 1969], im unpaginierten Vorspann) oder die unter der Federführung von Sigmund von Birken entstandene Schäferdichtung *Der Norische Parnaß* (Nürnberg 1677).

25 Hölderlin (Anm. 21), Bd. 1, 1992, S. 335.

Mängeln: die seit Tacitus beklagte Schlaffheit der Deutschen, das Verkennen der eigenen Fähigkeiten, die fehlende staatliche Organisation. So werden sie, die sich selbst verkennen, verkannt auch von den »Fremden«, die gleichwohl »den Gedanken, den Geist« von ihnen »ernten«. Der Rückblick führt dann zu denjenigen, die das Kommen des Genius zu ahnen vermögen und so die ersehnte Wiedergeburt vorbereiten. Es sind die Jünglinge, die schon Klopstock und die Dichter des Hainbundes als erneuernde Kraft besingen, die Frauen, die den antiken Geist bewahrt haben, die Weisen und nicht zuletzt die Dichter.

Dass die kulturelle Mission, die Hölderlin den Deutschen zuschreibt, nicht mit Herrschaftsgedanken verbunden ist, dass Deutschland bzw. seine weibliche Personifikation Germania als das »heilig Herz der Völker« vielmehr eine »dienende Rolle [...] innerhalb der europäischen Völker, innerhalb einer utopischen abendländischen Friedensgemeinschaft« einnehmen soll,[26] hat spätere Missverständnisse und nationalistische Vereinnahmungen nicht verhindert. Bei Hölderlin jedoch, in der Synthese von griechischer Vergangenheit und einer neuen, gotterfüllten Zukunft, die bald Gegenwart werden soll, erhält Germania die Rolle der delphischen Priesterin, und sie gibt, so endet die Hymne *Germanien*, an ihren Feiertagen »wehrlos Rat [...] rings / Den Königen und den Völkern«.[27] Und in der durch den Frieden von Lunéville (1801) angeregten Hymne *Friedensfeier* evoziert Hölderlin die Vision einer weltversöhnenden Epiphanie des Göttlichen, eines utopischen Weltzustandes des ewigen Friedens, »Da Herrschaft nirgend ist zu sehn bei Geistern und Menschen« und »nur der Liebe Gesetz, / Das schönausgleichende gilt von hier an bis zum Himmel«.[28]

Die Friedensutopie wurde in den folgenden Jahren und Jahrzehnten durch die geschichtliche Entwicklung aufs grausamste enttäuscht, und auch Hölderlins Vorstellung von der Kulturmission Deutschlands im Rahmen der europäischen Gemeinschaft der Völker verkehrte sich ins Gegenteil. Das Ende des Reiches im Jahr 1806 markiert zugleich den Beginn der verstärkten Politisierung

26 Schröder (Anm. 1), S. 150 f.

27 Hölderlin (Anm. 21), Bd. 1, 1992, S. 337.

28 Ebd., S. 339, S. 341.

und Ideologisierung des poetischen und philosophischen Deutschlandbildes von Aufklärung, Klassik und früher Romantik. Die mäßigende Bindung an kosmopolitische Ideale geht ebenso verloren wie die griechisch-abendländische Utopie Hölderlins. Und da sich dieses verengte politische Nationalbewusstsein in den Jahren vor und während der sogenannten Freiheitskriege im Widerstand gegen Napoleon und die französische Vorherrschaft ausbildete, waren vehemente antifranzösische, antiwestliche Vorurteile und Tendenzen und damit auch eine langfristig fatale Entfernung von den Ideen der Französischen Revolution die Folge.

Publizistik und Dichtung reflektieren diese Tendenzen. Das gilt für das hasserfüllte Feindbild, für einen neuen Volkstumsbegriff und für die Umwandlung des Gedankens von einer geistigen Führungsrolle in eine machtpolitische. Einflussreiche publizistische Vertreter der deutschen Volkstumsideologie waren Ernst Moritz Arndt, auch Verfasser militanter Gedichte während der Freiheitskriege, und der verharmlosend als ›Turnvater‹ in die Geschichte eingegangene Friedrich Ludwig Jahn. Arndt legte seine Ideen zum Widerstand gegen Napoleon im ersten Band seines Werkes *Geist der Zeit* (1806) nieder, erschienen kurz vor dem offiziellen Ende des Reichs.[29] Darin erhält der Begriff des Volkes eine irrationale, pseudoreligiöse Bedeutung, die Arndt ebenso gegen den deutschen Partikularismus wie das französische Hegemonialstreben ausspielt. Arndts Wunschbild deutscher Identität setzt sich aus bekannten Versatzstücken zusammen – der Deutsche ist bieder, treu, redlich, unverdorben und tief; dem Feind im Westen, dem natürlich diese Eigenschaften abgehen, gilt nur Verachtung und Hass. In der Schrift *Der Rhein, Teutschlands Strom, aber nicht Teutschlands Gränze* (1813), ein Titel mit einem ebenfalls in die Zukunft weisenden Programm, steht ein Satz, der die heillose nationalistische Gegnerschaft gegen den Westen auf einen Nenner bringt: »Verflucht aber sei *die Humanität und der Kosmopolitismus*, womit ihr prahlet! jener allweltliche Judensinn, den ihr uns preist als den höchsten Gipfel menschlicher Bildung.«[30] Das ist das Klima, aus dem auch Kleists hemmungslose Hasstiraden und Gewaltphanta-

29 In den drei folgenden Bänden (1809, 1813, 1818) sammelte er seine zahlreichen späteren publizistischen Arbeiten.

30 Ernst Moritz Arndt, *Der Rhein, Teutschlands Strom, aber nicht Teutschlands Gränze*, Leipzig 1813, S. 81.

sien hervorgingen: »Schlagt ihn tot! – das Weltgericht / Fragt Euch um die Ursach nicht.« (S. 90)

Friedrich Ludwig Jahns ideologische Hauptschrift *Deutsches Volksthum* von 1810 ist wie das Werk seines Lehrers Ernst Moritz Arndt Dokument des Widerstands gegen Napoleon. Jahn geht aber mit seiner Berufung auf einen biologisch begründeten Volkstumsbegriff und seinem maßlosen Nationalismus weit über den aktuellen Anlass, die französische Besatzung, hinaus. »Volksthum«, ein von ihm geprägter Begriff, sei »das Gemeinsame des Volks, sein innewohnendes Wesen, sein Regen und Leben, seine Wiedererzeugungskraft, seine Fortpflanzungsfähigkeit«.[31] Und zur Stärkung der »Hochgedanken *Volk, Deutschheit* und *Vaterland*« entwirft er ein Programm der »Volkserziehung«, verstanden als »Anerziehung zum Volksthum, ein immer fortgesetztes Indiehändearbeiten für die Staatsordnung, heilige Bewahrerin des Volks in seiner menschlichen Ursprünglichkeit.«[32] Auch das Turnen, das durch seine ständeübergreifenden Tendenzen und seine Trennung von Schule und Staat durchaus progressive Züge hatte, dient letztlich dazu, die deutschen Knaben und Jünglinge in der höchsten und heiligsten Pflicht zu bestärken, »ein Deutscher Mann zu werden und geworden zu bleiben, um für Volk und Vaterland kräftig zu würken, unsern Urahnen den Weltrettern ähnlich.«[33] Bleibt noch das großdeutsche politische Wunschbild, das in der Hauptstadt Teutona, »ungefähr auf dem halben Wege von Genf nach Memel; von Triest und Fiume nach Kopenhagen; von Dünkirchen nach Sendomir«, seine Mitte findet.[34] In der

31 Friedrich Ludwig Jahn, *Deutsches Volksthum*, Lübeck 1810, S. 7.

32 Ebd. S. 181. – Vaterländischen Zielen dient auch Jahns Leidenschaft für die Philologie, die er u.a. im Vorbericht zur *Deutschen Turnkunst* auslebt (Friedrich Ludwig Jahn / Ernst Eiselen, *Die Deutsche Turnkunst zur Einrichtung der Turnplätze dargestellt*, Berlin 1816 [Faksimiledruck Fellbach 1967]): Mit Hilfe der Philologie (und Anleihen an die barocke Vorstellung vom Deutschen als einer der ›Ursprachen‹) nimmt er den Kampf gegen »Wälschsucht« und »meindeutsche Volksvergessenheit« auf, indem er Fremdwörter verdeutscht – aus Kosmopolitismus wird, sehr bezeichnend, »Allerweltbürgerei« – oder für Neubildungen im Rückgriff auf ältere Sprachformen plädiert. Fazit: »Die Vielspracherei ist der Sündenpfuhl, woraus aller Büchernebel dunstet« bzw. »Wälschen ist Fälschen, Entmannen der Urkraft, Vergiften des Sprachquell« (*Turnkunst*, S. XX–XXII).

33 Jahn/Eiselen, *Turnkunst* (Anm. 32), S. 234.

34 Jahn (Anm. 31), S. 114.

Tat: »Das ganze Teutschland soll es sein!«, wie es bei Arndt heißt (S. 95).

Das ›heil'ge Vaterland‹ war ein militantes Vaterland geworden; nicht Humanität, sondern eine übersteigerte Rhetorik der Gewalt, der menschenverachtenden Herabsetzung der Gegner und eine atavistische Rachsucht prägen viele Lieder und Gedichte der Freiheitskriege. Und ihre hyperbolische, ressentimentgeladene Bildersprache, ihre Schwarzweißmalerei, ihr Helden- und Opferpathos und das blinde Freund-Feind-Denken leben in der propagandistischen Lyrik des 19. und 20. Jahrhunderts, jeweils den Umständen angepasst, lange ungebrochen weiter. Dazu kommt eine ebenso langlebige Instrumentalisierung der Religion. Die Freiheitsrhetorik – gegen den Absolutismus und gegen Frankreich – verbindet sich mit religiösen Opfervorstellungen. Kriegsdienst ist nicht weit von Gottesdienst entfernt: *Katechismus für den teutschen Kriegs- und Wehrmann, worin gelehret wird, wie ein christlicher Wehrmann seyn und mit Gott in den Streit gehen soll* (1813), lautet der Titel einer weiteren Schrift von Arndt. Nicht zufällig ist in Arndts *Vaterlandslied* von einem »heil'gen Krieg« die Rede, wobei sich christliche Religion und Rachegedanken gut zu vertragen scheinen: »Wir wollen heute Mann für Mann / Mit Blut das Eisen röten, / Mit Henkerblut, Franzosenblut – / O süßer Tag der Rache!« (S. 93)

Ähnliche Tendenzen charakterisieren die ungemein populäre Gedichtsammlung *Leyer und Schwerdt* (1814) von Theodor Körner, der (wie Jahn und Eichendorff) in das Freikorps des Majors von Lützow eingetreten und 1813 in einem Gefecht getötet worden war. Auch hier tragen die emotionsgeladenen Bilder, die eingängige Polarisierung (Freund – Feind, Freiheit – Tod) und die sakralen Anklänge (»Es ist ein Kreuzzug, 's ist ein heil'ger Krieg!«)[35] mit der Zusammenschau von Gottesdienst und Heldentod entscheidend zur Wirkung der Gesänge über die Freiheitskriege hinaus bei. Dazu beflügeln Jäger-, Reiter- und Trinklieder die schwarzen Lützowschen Jäger in ihrer wilden, verwegenen Jagd auf die »Fränkischen Schergen«.[36]

Frauen wie Luise Hensel stimmen mit dem Klopstockschen

35 Theodor Körner, *Leyer und Schwerdt*, Wien 1814, S. 40.
36 Ebd., S. 66.

Motto »Ich bin ein deutsches Mädchen« in den Chor ein (S. 97), allerdings mit den geschlechtsspezifischen Einschränkungen des traditionellen Frauenbilds (»Doch ich bin ein Weib und mein Beruf / ist töten nicht«). Nur moralische Unterstützung ist möglich und demonstrativer Verzicht auf welschen Tand und »Witz«. Dem entspricht die Auffassung Gustav Schwabs, der sich keine Gedanken über die errungene »Freiheit« macht, sondern nach dem (vorläufigen) Sieg über Napoleon (Erster Pariser Friede 1814) ein eher komisches, treudeutsch züchtig-biedermeierliches Frauenbekleidungs- und Schmuckprogramm im Kontrast zur »üpp'gen Frankensitte« entwirft bzw. geradezu verordnet (*An die deutschen Frauen*).[37]

IV

Die mit den Freiheitskriegen verbundenen Hoffnungen auf einen deutschen Nationalstaat, auf Einheit und Freiheit, wurden vom Wiener Kongress bitter enttäuscht. Weder kam ein Einheitsstaat zustande, noch konnte in den einzelnen Staaten des Deutschen Bundes von der Verwirklichung bürgerlicher Freiheitsrechte die Rede sein. Die neuen Herrscher waren die alten, die nach wie vor den Forderungen nach Einheit und Freiheit entgegenstanden. In Arndts Plädoyer für einen deutschen Nationalstaat im Gedicht *Des Teutschen Vaterland* stehen auch die folgenden Verse: »Was ist des Teutschen Vaterland? / So nenne mir das große Land! / Ist's, was der Fürsten Trug zerklaubt? / Vom Kaiser und vom Reich geraubt?« (S. 94 f.) Es kann nicht verwundern, dass die kritische Strophe in späteren Drucken fehlt.

Die Wiederherstellung der alten feudalen Verhältnisse und die von Metternich inspirierte Restaurations- und Unterdrückungspolitik in den einzelnen Staaten forderte den Widerstand einer vaterländisch gesinnten Oppositionsbewegung heraus, der sich in der Gründung der Burschenschaften 1815 in Jena manifestierte. Das Fest der Burschenschaften 1817 auf der Wartburg in Erinnerung an die Reformation und die Völkerschlacht bei Leipzig signalisierte dann mit der Verbrennung der Bundesakte, der Vereinbarung der am Deutschen Bund beteiligten Fürsten, sowie reakti-

37 Gustav Schwab, Gedichte, Bd. 1, Stuttgart/Tübingen 1828, S. 135–137.

onärer Schriften und Symbole, wie sehr sich die junge Generation betrogen fühlte. Aber die Aufbruchsstimmung fand ein jähes Ende, als nach der Ermordung des Diplomaten und Dichters August von Kotzebue durch den Burschenschafter Karl Ludwig Sand 1819 mit den Karlsbader Beschlüssen eine massive polizeistaatliche Repressionspolitik einsetzte: Verbot der Burschenschaften und der Turnbewegung, Überwachung der Universitäten, verschärfte Zensur.

Die Impulse, die von den Freiheitskämpfen in Griechenland (1821–29) und Polen (1830–31) ausgingen, blieben ebenfalls ohne politische Wirkung, wenn auch die Publizisten und Literaten durchaus Partei ergriffen.[38] Wilhelm Müller, heute eher bekannt als Verfasser der von Franz Schubert vertonten Liederzyklen *Die schöne Müllerin* (1821) und *Die Winterreise* (1823–24), veröffentlichte von 1821 an *Lieder der Griechen* in mehreren Heften, Ausdruck des durch den Aufstand gegen die Türken beflügelten Philhellenismus. Sie fanden, obwohl die Zensur immer wieder eingriff, eine große Resonanz. Müller steigert ihre emotionale Wirkung, indem er die Texte – Berichte von Kämpfen, Aufrufe, patriotische Bekenntnisse, Nachrufe –Teilnehmern an den Kämpfen oder Augenzeugen in den Mund legt. Das geschieht nicht ohne Berufung auf die große griechische Vergangenheit und ihre Helden. Aber es geht Müller allein um die Gegenwart, um Griechenland als Teil eines liberalen Europa. Indem er den Freiheitskampf der Griechen besingt und die Freiheit preist, kommentiert er indirekt die politische Unterdrückung im eigenen Land: »Ohne die Freiheit, was wärest du, Hellas? / Ohne dich, Hellas, was wäre die Welt«.[39]

Im Unterschied zu Müllers indirekten Kommentaren zur deutschen Misere – die Rollenfiktion war wohl auch eine Vorsichtsmaßnahme – sind August von Platens *Polenlieder* von agitatorischer Direktheit, blieben dafür aber zunächst ungedruckt. Revolutionäres, antiabsolutistisches Pathos und Hass auf die russischen Unterdrücker (und ihre deutschen Freunde) verbinden sich mit

38 Dazu vgl. Hans-Georg Werner, *Geschichte des politischen Gedichts in Deutschland von 1815 bis 1840*, Berlin 1969, S. 112 ff. (philhellenische Lyrik), S. 269 ff. (Polenlieder).

39 Wilhelm Müller, *Werke, Tagebücher, Briefe*, hrsg. von Maria-Verena Leistner, Bd. 1: Gedichte 1, Berlin 1994, S. 271.

bitterem Sarkasmus und aggressiver Satire, verstärkt auch durch die verfremdenden Mittel der Parodie und Kontrafaktur. Das *Berliner Nationallied* aus dem Jahr 1832, ein Wechselgesang von Chor und Vertretern der Reaktion, nutzt Schillers Ode *An die Freude* und beginnt mit den Versen: »Diesen Kuß den Moskowiten, / Deren Nasen sind so schmuck; / Rom mit seinen Jesuiten / Nehme diesen Händedruck!«[40] Neben Klage und Anklage (auch gegen die passiven Deutschen), neben Sarkasmus und Ironie steht die Mahnung an die Deutschen, den blutigen Untergang der Freiheit als Warnung zu verstehen und zu handeln: »Oh, seid nur noch ein einzig Mal / Das alte Volk des Teut!« (S. 107) Die Zensur verhinderte die Aufnahme der 1831–32 entstandenen *Polenlieder* in die letzte Ausgabe der *Gedichte* (1834) zu Platens Lebzeiten; sie konnten erst postum 1839 in den *Gedichten aus dem ungedruckten Nachlasse* in Straßburg, also im Ausland, erscheinen und beeinflussten mit ihrer bewusst kunstlosen, direkten Sprache, ihrer agitatorischen Vehemenz und satirischen Schärfe die Vormärzlyrik Georg Herweghs und Ferdinand Freiligraths. Polen blieb mahnendes Beispiel und Warnung zugleich: »Wie bist Du, Deutschland, mir so gleich! / Schon stehen zu demselben Streich / Dieselben Feinde Dir verbündet«, heißt es in dem allerdings eher biederen Gedicht *Polen an Deutschland* von Robert Prutz von 1849.[41] Diese Feinde nennt Adolf Glaßbrenner direkt in seiner Parodie von Goethes Mignonlied (*Sehnsucht nach Russland*), eine der zahlreichen Warnungen vor Russland, das den Liberalen als Inbegriff des Despotismus und der politischen Reaktion galt.

Das Klima der Unterdrückung prägte die deutschen Verhältnisse bis 1848, nur kurzzeitig unterbrochen von Hoffnungen, die mit der französischen Julirevolution von 1830 und dem Herrschaftsantritt Friedrich Wilhelms IV. in Preußen 1840 verbunden waren. Eine Reihe von Gedichten kommentiert die erzwungene biedermeierliche Ruhe ironisch, während kritische, zur Revolution von 1848 hinführende Stimmen Anlass zu Berufsverboten und Verhaftungen gaben. Oder sie kamen aus dem Exil (Schweiz, Frankreich, England, Vereinigte Staaten), das seit den 1819/20 ein-

40 August von Platen, *Gedichte aus dem ungedruckten Nachlasse*, Straßburg 1839, S. 47.

41 Robert Prutz, *Neue Gedichte*, Mannheim 1849, S. 184–186.

setzenden Verfolgungsmaßnahmen (›Demagogenverfolgungen‹) für viele Liberale und Nationale zur Lebensform wurde.[42] Daneben fehlte es aber auch nicht an Kommentatoren, die sich an der hypertrophen Deutschtumsideologie störten und sie parodierten, zugleich ein Hinweis auf die wachsenden Differenzen zwischen der nationalen und liberalen Opposition.

Dieser Konflikt zeigt sich deutlich in den dichterischen Reaktionen auf die sogenannte Rheinkrise von 1840, die – ausgelöst durch den französischen Anspruch auf die linksrheinischen deutschen (d.h. preußischen) Gebiete – zu einem regelrechten Sängerkrieg auf beiden Seiten des Rheins führte. Die Losung hatte bereits Arndt mit seiner Schrift *Der Rhein, Teutschlands Strom, aber nicht Teutschlands Gränze* (1813) vorgegeben. Auf die militanten nationalen Aufwallungen zur Verteidigung des ›freien‹ deutschen Rheins von Nicolaus Becker, Max Schneckenburger oder – imperialistisch verstärkt – Adolf von Leutrum-Ertingen antworteten auf französischer Seite unter anderem Alfred de Musset und Alphonse de Lamartine: Musset eher spöttisch, Lamartine in seiner ›Friedensmarseillaise‹ versöhnlich.[43] Georg Herwegh wiederum stellte dem nationalen deutschen Chor, dem sich auch wieder Arndt mit einem Lied angeschlossen hatte, seinen liberalen *Protest* entgegen:

42 Auch der Gießener Burschenschafter Karl Follen, Verfasser von »Deutsch Burschenlied« (S. 100) und Mitautor der *Grundzüge für eine künftige Reichsverfassung* (1818, Druck 1831), emigrierte (Schweiz, USA), als er als geistiger Urheber der Ermordung Kotzebues verhaftet werden sollte. Er hatte in einem Flugblatt zum Volksaufstand und Tyrannenmord aufgerufen.

43 Lamartine schrieb seine *Marseillaise de la Paix. Réponse à Mr. Becker* im Mai 1841. Freiligrath übersetzte sie später unter dem Titel *Die Friedensmarseillaise*. Der Anfang der Strophe lautet hier: »O rolle stolz und frei, zieh deines Wegs gelassen, / Du Nil des Okzidents, Nationenbecher Rhein, / Und schwemme mit dir fort den Ehrgeiz und das Hassen / Der Völker, die geschart sich deiner Woge freun! // Nie von dem roten Blut der Franken sei sein Rücken, / Nie von dem blauen auch des Deutschen mehr befleckt!« (*Freiligraths Werke in sechs Teilen*, hrsg. von Julius Schwering, Berlin [u.a.], o.J. [1909], Tl. 4, S. 107. – Alfred de Mussets populäre *Réponse à la Chanson de Becker*, erschienen im Juni 1841 in der *Revue de Paris*, beginnt mit der am Anfang mehrerer Strophen wiederholten Zeile »Nous l'avons eu, votre Rhin allemand« (»Wir haben ihn gehabt, euren deutschen Rhein«). Zit. nach: Martin Franzbach, »Die deutsch-französische patriotische Rheinlyrik«, in: M. F., *Kritische Arbeiten zur Literatur- und Sozialgeschichte Spaniens, Frankreichs und Lateinamerikas*, Bonn 1975, S. 56.

»Singt alle Welt: Der *freie* Rhein! / So sing' doch ich: Ihr Herren, nein! / Der Rhein, der Rhein könnt' freier sein – / So will ich protestieren.« (S. 116)

Beckers Lied gelangte zu erneuter Popularität im Zusammenhang mit dem Deutsch-Französischen Krieg von 1870/71; eine Publikation des Jahres 1871 mit Schneckenburgers Text und davon inspirierten weiteren patriotischen Gesängen sowie zahlreichen Übersetzungen bezeichnete die *Wacht am Rhein* als »das deutsche Volks- und Soldatenlied des Jahres 1870«,[44] dem so gleichsam die Funktion einer zweiten Nationalhymne zuwuchs, eine Funktion, die es noch im Sängerwettstreit in Ricks Café Americain in dem Film *Casablanca* von 1942 besitzt, wobei es hier allerdings gegen die Marseillaise keine Chance hat. Zur ›Wacht am Rhein‹ trugen dann nach der Reichsgründung auch Denkmäler bei, den Blick fest auf Frankreich oder den Rhein gerichtet, etwa das Nationaldenkmal auf dem Niederwald bei Rüdesheim mit einer Kolossalstatue der Germania (1883) oder das Kaiser-Wilhelm-Denkmal (1897) am Koblenzer ›Deutschen Eck‹.

Das Rheinlied Beckers und die Hoffnungen auf eine politische Liberalisierung waren die Auslöser einer massenhaften Produktion politischer Lyrik, die in ihren poetischen und rhetorisch-agitatorischen Mitteln und ihren Forderungen nach Freiheit und Einheit durchaus auch Elemente der Gesänge der Freiheitskriege aufnahm. Robert Prutz formulierte 1843 in seiner Abhandlung *Die Politische Poesie der Deutschen* den Anspruch der neuen politischen Lyrik, die Trennung von Ästhetik und Politik, das von der klassisch-romantischen ›Kunstperiode‹ ererbte »Dogma von der politischen Unbeflecktheit, der olympischen Selbstgenügsamkeit der Dichtung« aufzuheben und sie für die politischen Zielsetzungen des Bürgertums zu instrumentalisieren.[45]

Prutz veröffentlichte selbst politische Gedichte und beschrieb nur, was neben ihm und anderen Hoffmann von Fallersleben, Franz Dingelstedt, Georg Herwegh und Ferdinand Freiligrath, die

44 Georg Scherr / Franz Lipperheide, *Die Wacht am Rhein, das deutsche Volks- und Soldatenlied des Jahres 1870*, Berlin 1871. – Einen Kontrapunkt zum vaterländischen Pathos setzt Stoltzes parodistisches Dialektgedicht (S. 145).

45 Robert Prutz, *Die Politische Poesie der Deutschen*, Leipzig 1845, S. 263 (unveränderter Sonderdruck aus R. Prutz, *Literarhistorisches Taschenbuch*, Bd. 1, 1843).

einflussreichsten politischen Lyriker des Vormärz, mit ihren Gedichtbänden seit 1840 bereits eingelöst hatten (bzw. einzulösen begannen): eine schlagkräftige, auf emotionale Wirkung und Identifikation ausgerichtete Dichtung mit klaren politischen Zielsetzungen in den Formen der Satire, der Polemik, der pathetischen Anklage oder des Aufrufs zu gemeinsamem politischen Handeln.

Allerdings waren dann nach dem kurzen politischen Tauwetter Amtsenthebung (Hoffmann von Fallersleben) oder Emigration (Herwegh, Freiligrath) die Folgen der Attacken gegen die herrschende politische Ordnung und ihre Vertreter, es sei denn, man wechselte die Fronten wie Dingelstedt, der 1843 eine Stelle am Stuttgarter Hof annahm. Kritik am Konzept politischer Tendenzdichtung kam von Heine, weniger aus politischen Gründen als aus ästhetischen.

Den Anfang machte August Heinrich Hoffmann von Fallersleben mit seinen – ironisch so genannten – *Unpolitischen Liedern* (1840–41), die in betont volkstümlichen, geselligen Formen satirisch mit dem Repressionssystem der Restaurationsregierungen, mit Fürstenherrschaft, Standesdünkel, Kleinstaaterei und Philistertum abrechnen. Daneben stehen, oft verbunden mit einem Umschlag in feierliches Pathos, immer wieder die liberalen Forderungen nach Einigkeit (staatliche Einheit), Recht (Verfassung) und Freiheit und Gleichheit vor dem Gesetz, zentrale Themen auch des in den *Unpolitischen Liedern* noch nicht enthaltenen *Lieds der Deutschen* von 1841. Dieses Lied, Nationalhymne zuerst 1922, zeigt wie die Gedichtsammlung auch, dass sich der dichtende Germanist mit seinen Texten ausdrücklich in die Tradition politisch-polemischer Dichtung seit dem Mittelalter stellt: Wie er im zweiten Teil seiner *Unpolitischen Lieder* Texte von Walther von der Vogelweide (*Deutschlands Ehre* bzw. »Ir sult sprechen willekomen«), Martin Opitz oder Georg Rodolf Weckherlin aufnimmt, so sind auch im ›Deutschlandlied‹ die Anklänge an Walther deutlich genug, sowohl im Hinblick auf die Form der geographischen Angaben wie – ebenfalls gerne aufgenommen im 19. Jahrhundert – auf den Frauenpreis, während das Lob des deutschen Weins eher auf die gesellige Ader des Dichters verweist.[46] Dass die Formulierung

46 Vgl. Schröder (Anm. 1), S. 31 ff.

»Deutschland, Deutschland über Alles« in Deutschland wie im Ausland eine neue nationalistisch-chauvinistische Bedeutung erhalten und als Ausdruck des deutschen Imperialismus interpretiert werden konnte, folgt einem Mechanismus der Anpassung und Aktualisierung, den die Hymne mit anderen politischen Dichtungen in veränderten Kontexten und Rezeptionssituationen teilt. Für Hoffmann geht es aber um das eigene Land, um einen Aufruf, die Zersplitterung in rund vierzig Territorien zu überwinden, nicht um eine Vorrangstellung unter den Nationen. Ihre lang andauernde Wirkung verdankt die Hymne jedoch, und das gilt für viele politische Lieder seit der Marseillaise, vor allem der Melodie.

Mit Herwegh setzten schärfere Töne ein. Er verstand politische Lyrik als Medium der Agitation, von der Dichtung als »Vorläuferin der Tat«, als einer »Waffe für unsere Sache«, ist in einem frühen Aufsatz die Rede.[47] Vorbilder waren unter anderem der französische politische Lyriker Jean Pierre de Béranger und Ulrich von Hutten, »*unser* Heiland«, wie es in den *Gedichten eines Lebendigen* heißt.[48] Neben Ironie und Satire, die nicht zuletzt auf die Schlafmützigkeit des deutschen Bürgertums zielten, waren vor allem Pathos und militante Rhetorik seine Sache, mit der er Pfaffen, Kirche und Feudalismus attackierte und in Anspielung auf eine Schweizer Heldenlegende die Freiheit beschwor: »Und durch Europa brechen wir / Der Freiheit eine Gasse!«[49] Auch wenn Heine und andere seinen verbalen Radikalismus kritisierten und sein Versuch, mit einem Freikorps die badischen Revolutionäre von 1848 zu unterstützen, kläglich scheiterte – dass Herwegh nach der Gründung des (klein)deutschen Kaiserreichs 1871 anders als viele seiner Zeitgenossen die alten freiheitlichen Ideale

47 Georg Herwegh, »Eine demokratische Verirrung«, in: *Werke in drei Teilen*, hrsg. von Hermann Tardel, Berlin o.J. [1909], Tl. 3, S. 68, S. 69.

48 Georg Herwegh, *Gedichte eines Lebendigen*, Zürich/Winterthur, 1841, S. 105. Hier heißt es im zweiten Teil des Gedichts *Ufnau und St. Helena* zu Beginn: »Ufnau! Hier modert *unser* Heiland, / Für's deutsche Volk an's Kreuz geschlagen«. Ein weiteres Gedicht, *Jacta alea est!*, ist von Huttens Wahlspruch »Ich hab's gewagt!« inspiriert, mit dem jede Strophe endet (ebd., S. 111–114). Und auch Béranger ist ein Gedicht gewidmet (ebd., S. 91–93).

49 Herwegh (Anm. 48), S. 66. – Der Ausspruch »Der Freiheit eine Gasse« wird in der Legende Arnold Winkelried zugeschrieben, der sich 1386 bei der Schlacht von Sempach selbst geopfert haben soll, um den Eidgenossen den Durchbruch durch das habsburgische Heer zu ermöglichen.

des Liberalismus nicht verriet und nicht in den nationalen Jubel einstimmte, zeigt neben Charakter auch Weitsicht: »Die Wacht am Rhein wird nicht genügen, / Der schlimmste Feind steht an der Spree.« (S. 142)[50]

V

Heine äußerte seine Einwände gegen die sogenannte Tendenzpoesie mehrfach und nicht selten polemisch. In der Vorrede zu seinem satirisch-komischen Versepos *Atta Troll* (1843) zielt er – wie in der Dichtung selbst – auf »die sogenannte politische Dichtkunst« seiner Zeit, die »ganz besonders jener vage, unfruchtbare Pathos, jener nutzlose Enthusiasmusdunst« auszeichne, »der sich mit Todesverachtung in einen Ozean von Allgemeinheiten« stürze.[51] Und: »Atta Troll, Tendenzbär [...]; Kein Talent, doch ein Charakter!«, heißt das abschließende Urteil über den Tanzbären, »Durch Verführtsein von dem Zeitgeist, / Waldursprünglich Sanskülotte«.[52] Von »gereimten Zeitungsartikeln« schreibt er in einem Korrespondenzbericht für die Augsburger *Allgemeine Zeitung* vom 20. März 1843 (in Buchform mit den anderen Berichten von 1840 bis 1843 in *Lutezia*, 1854), während die »wahrhaft großen Dichter [...] immer die großen Interessen der Zeit anders aufgefaßt« und den Vorwurf des Aristokratismus nicht gescheut hätten.[53]

Gleichwohl fügte Heine seinen *Neuen Gedichten* von 1844 eine Abteilung ›Zeitgedichte‹ an. Sie zeigen, dass es durchaus inhaltliche Berührungspunkte mit der deutschen politischen Opposition gibt und er wie diese als Kritiker der politischen Restauration, der Aristokratie und der Pfaffen, aber auch der dumpfen Untertanengesinnung auftritt. Doch zugleich wirft er den politischen Dichtern seiner Zeit den Missbrauch dichterischer Formen und Tech-

50 Zur Haltung einiger literarischer Protagonisten der 48er-Revolution zur Reichsgründung vgl. Walter Pape, »›Hurra, Germania – mir graut vor dir‹. Hoffmann von Fallersleben, Freiligrath, Herwegh und die deutsche Einheit von 1870/71«, in: *Oxford German Studies* 22 (1993) S. 134–167.

51 Heinrich Heine, *Sämtliche Schriften in zwölf Bänden*, hrsg. von Klaus Briegleb, München 1976, Bd. 7, S. 494.

52 Ebd., Bd. 7, S. 563.

53 Ebd., Bd. 9, S. 438.

niken zum eindimensionalen Transport von Programmen oder Parolen vor, statt mit ihrer Hilfe zur politischen Reflexion anzuregen. Heine selbst gibt keine direkten Antworten, sondern erwartet vom Leser, dass er sich auf das keineswegs immer eindeutige Spiel mit den ironischen Techniken der Verkehrung und Verfremdung, mit Rollenfiktionen oder sprachlichen Verfahren wie Sprach- oder Reimkomik einlässt und seine Folgerungen daraus zieht. Ein Gedicht wie *Die Tendenz* beispielsweise thematisiert das auf ironische Verkehrung gegründete Verfahren ausdrücklich, um die Hohlheit der Schlagwortpoesie zu entlarven:

Deutscher Sänger! sing und preise
Deutsche Freiheit, daß dein Lied
Unsrer Seelen sich bemeistre
Und zu Taten uns begeistre,
In Marseillerhymnenweise.
[…]
Blase, schmettre, donnre täglich,
Bis der letzte Dränger flieht –
Singe nur in dieser Richtung,
Aber halte deine Dichtung
Nur so allgemein als möglich.[54]

Wie sich hingegen betonte Subjektivität und generelle Zeitproblematik miteinander verbinden, zeigt der letzte Text der *Neuen Gedichte* (*Nachtgedanken*, S. 126) mit den sprichwörtlich gewordenen Eingangszeilen »Denk ich an Deutschland in der Nacht, / Dann bin ich um den Schlaf gebracht«: Die Zerrissenheit des Ich ist Ausdruck der allgemeinen Zerrissenheit, die die Signatur der Gegenwart darstellt.[55] Auf die komplexen poetischen Verfahren der Zeitgedichte in den *Neuen Gedichten* verzichtete Heine jedoch in seinem bekanntesten Zeitgedicht *Die Weber*, das er nicht

54 Ebd., Bd. 7, S. 422 f.

55 Zu Heines Haltung zur ›Tendenzdichtung‹ und den poetischen Verfahrensweisen der Zeitgedichte vgl. die zusammenfassenden Darstellungen (mit entsprechenden Literaturhinweisen) in: *Heinrich Heine. Epoche – Werk – Wirkung*, hrsg. von Manfred Brummack, München 1980, S. 203 ff.; Gerhard Höhn, *Heine-Handbuch. Zeit, Person, Werk*, 3., überarb. und erw. Aufl., Stuttgart/Weimar 2004, S. 85 ff., S. 105 ff.

in die Sammlung aufnahm. Es besitzt eine Sonderstellung in seinem Werk: kein ironisches Rollengedicht, sondern direkte Anklage und politische Agitation für eine proletarische Revolution als unmittelbare Antwort auf den Aufstand der verelendeten schlesischen Weber und seine Niederschlagung durch das Militär im Juni 1844.

Heines Kritik an der zeitgenössischen politischen Dichtung spricht keineswegs gegen das Genre selbst, so wenig wie die Unzahl schlechter Liebesgedichte ein Argument gegen die Liebesdichtung ist. Doch spätestens seit der Französischen Revolution und den Napoleonischen Kriegen, als eine Massenproduktion politischer Lieder und Gedichte einsetzte, sind die Gefahren unverkennbar, denen sich die Dichter politischer Lyrik gegenübersehen. Im spezifischen Fall der Deutschlandgedichte liegen sie in der stereotypen Verwendung der immer gleichen Motive und Bilder, die zum Teil bis auf die Tacitusrezeption zurückgehen, dann in der eindimensionalen Argumentationsstruktur mit ihrer Polarisierung, ihrem antithetischen Freund-Feind-Schematismus und ihrer religiösen Überhöhung. Dazu kommt die sprachlich-rhetorische Umsetzung, charakterisiert durch ein weihevolles oder agitatorisches Pathos, durch hyperbolische Ausdrucksformen, Allgemeinplätze und Leerformeln.

Folge der ungebrochenen, innovationsfeindlichen Tradierung dieser Argumentationsmuster und sprachlichen Wirkungsstrategien bis weit ins 20. Jahrhundert hinein war eine zunehmende Abnutzung und Trivialisierung, die zugleich die Diskrepanz zu den sich weiterentwickelnden dichterischen Formen und Konzepten immer größer werden ließ. Trotz Heines Vorbild blieben die von ihm vorgeführten Alternativen angesichts der nationalen Hochstimmung seit 1870/71 lange ohne breitere Wirkung. Erst während der Weimarer Republik und dann wieder nach dem Zweiten Weltkrieg verlieren die überlebten Muster ihre Wirkung. Mit Hilfe distanzierender poetischer Verfahren wie Kontrafaktur, Parodie, Ironie, Verfremdung, Collage und Montage gelingen (wieder) poetische politische Texte, die nicht nur mehr oder weniger subtile Kritik an politischen Positionen, Revolutionsrhetorik, obrigkeitsgläubiger Propaganda oder hohlem Pathos ermöglichen, sondern für ein ästhetisches Niveau stehen, das die weit verbreiteten pauschalen Vorbehalte gegen das Genre ›politische Lyrik‹ zu entkräften vermögen, einer von den Wirkungsstrategien der Rhetorik geprägten traditionsreichen Gattung mit einer bis in die Antike zurückreichenden Geschichte.[56]

VI

Von der politischen Lyrik des Vormärz entsprachen Franz Dingelstedts *Lieder eines kosmopolitischen Nachtwächters* (1841, vordatiert auf 1842) mit ihren Verfremdungstechniken am ehesten Heines Vorstellungen. Die Rollenfiktion eines Nachtwächters begründet hier die formale Einheit eines Zyklus von Gedichten, der zunächst in einem Rundgang durch eine Kleinstadt, dann durch eine Reise durch die Länder des Deutschen Bundes satirisch und ironisch die politische Ordnung, Partikularismus, Restauration, Klerikalismus, Unterdrückung und Verfassungsbruch kritisiert. Das Motto des zweiten Teils, »Nachtwächters Weltgang«, zieht das ironische Fazit: »Welt in Duodez; / Der Deutsche versteht's!«[57] – und stellt damit implizit die Forderung nach Einheit, aber ohne nationalistische Emphase und, das machen die anderen Texte deutlich, nur zusammen mit politischer Freiheit. Aber während sich viele Liberale erst nach der gescheiterten Revolution resigniert mit dem Ziel der nationalen Einheit ohne Freiheit anfreundeten, vollzog Dingelstedt die Wende früh, nur zwei Jahre nach Erscheinen seines Gedichtbandes. Der Seitenwechsel – 1843 wurde er Vorleser und Bibliothekar (Hofrat) in Stuttgart – brachte Dingelstedt Spott und heftige Kritik ein. Ironie kennzeichnet dann seine Kommentare zur Revolution von 1848/49: »Kennst du das Land, wo Einheits-Phrasen blühn«, beginnt seine Parodie von Goethes Italienlied (*Mignon als Volks-Kammer-Sängerin*).[58]

Umgekehrt verlief der Weg Ferdinand Freiligraths, der mit dem betonten Exotismus der Themen, Motive und Bilder seiner frühen

56 Dazu u.a. Walter Hinderer, »Versuch über Begriff und Theorie politischer Lyrik«, in: *Geschichte der politischen Lyrik in Deutschland*, hrsg. von W. H., Würzburg 2007, S. 11–45. Hier und in der Bibliographie am Ende des Bandes umfangreiche Literaturhinweise zu dem Komplex ›Politische Dichtung‹.

57 Franz Dingelstedt, *Lieder eines kosmopolitischen Nachtwächters*, 2. Aufl., Hamburg 1842, S. 46.

58 Franz Dingelstedt, *Nacht und Morgen. Neue Zeit-Gedichte*, Stuttgart/Tübingen 1851, S. 125 f.

Gedichte (1838) großen Erfolg hatte und seit 1842 eine Pension vom preußischen König erhielt. Er näherte sich jedoch allmählich der liberalen Opposition und machte 1844 sein neues Engagement demonstrativ öffentlich, indem er die Pension zurückwies und in der Vorrede zu seiner Gedichtsammlung *Ein Glaubensbekenntniß* (1844) proklamierte: »Fest und unerschütterlich trete ich auf die Seite Derer, die mit Stirn und Brust der Reaction sich entgegenstemmen! Kein Leben mehr für mich ohne Freiheit!«[59] In diesem Band steht auch das Gedicht *Hamlet* mit dem vielzitierten Beginn »Deutschland ist Hamlet!«(S. 130), das die seit der zweiten Hälfte des 18. Jahrhundert verbreiteten Vergleiche der Charaktereigenschaften der Shakespeareschen Dramengestalt mit denen Deutschlands und der Deutschen aufnimmt und in eine für die Vormärzzeit repräsentative Form bringt.[60] In seinem nächsten, im Exil entstandenen kleinen Gedichtband *Ça ira!* (1846), der im Titel (›Es wird gehen!‹) den Refrain eines Liedes aus der Französischen Revolution aufnimmt (»Ah! ça ira, ça ira, ça ira! Les aristocrates à la lanterne!«), trat Freiligrath mit großem Pathos und eingängiger allegorischer Bildlichkeit für die proletarische Revolution ein: Das Langzeilengedicht *Von unten auf!* verwendet das Bild einer Rheinfahrt des preußischen Königspaars, um am Gegensatz von oben und unten die notwendige Umwälzung der Verhältnisse einzufordern. Denn »unter all der Nettigkeit und unter all der schwimmenden Pracht«, da schafft der sich seiner Macht bewusste »Proletarier-Maschinist«:[61] »Es liegt an mir: – Ein Ruck von mir, Ein Schlag von mir zu dieser Frist, / Und siehe, das Gebäude stürzt, von welchem Du die Spitze bist!«[62] *Neuere politische und soziale Gedichte*, in zwei Heften 1849 und 1851 erschienen, stehen am Ende seiner revolutionären politischen Lyrik.

Als sich Freiligrath nach seiner Rückkehr aus dem englischen Exil wieder als politischer Dichter zu Wort meldete, nahm er den Deutsch-Französischen Krieg und die Reichsgründung zum Anlass

59 Ferdinand Freiligrath, *Ein Glaubensbekenntniß. Zeitgedichte*, Mainz 1844, S. X.

60 Vgl. Schröder (Anm. 1), S. 223 ff. Umfassend zu dem Thema: Brigitte Sessler, *Hamlet – ein lyrisches Politikum? Hamlet in deutschsprachigen Gedichten vom 18. Jahrhundert bis heute*, Heidelberg 2008.

61 Ferdinand Freiligrath, *Ça ira! Sechs Gedichte*, Herisau 1846, S. 25.

62 Ebd., S. 97.

patriotischer, zum Teil chauvinistischer Lieder und Gedichte, eine absolute Kehrtwendung: *Hurrah, Germania!* (S. 138) Die siegreichen Truppen zogen mit patriotischer Musikbegleitung am 16. Juni 1871 in Berlin ein. Triumphbögen überspannten die Straßen; die sie schmückenden Bild- und Textarrangements zogen unter anderem eine direkte Verbindung von den Freiheitskriegen 1813 zur Gegenwart, zum Sieg über Frankreich und zur Reichsgründung. Für die demokratisch-liberalen Traditionen (und ihre Farben Schwarzrotgold) war kein Platz.[63]

Den Kontrapunkt zur allgemeinen Jubelstimmung[64] setzte Herwegh, der sich inzwischen vom Liberalen zum Sozialisten gewandelt und für den Allgemeinen deutschen Arbeiterverein 1863 das *Bundeslied* geschrieben hatte. »Germania, mir graut vor Dir!«, heißt es in seinem *Epilog zum Kriege* (S. 144). Und Hoffmann von Fallersleben mahnte vergeblich, nach der erreichten Einheit die größere Aufgabe nicht zu vergessen: »Des Geistes Freiheit zu erringen« (S. 145). Daneben fehlte es nicht an Stimmen der Mäßigung, vielleicht nicht zufällig aus dem (deutschsprachigen) Ausland. So lässt der Schweizer Heinrich Leuthold 1872 in seinem Gedicht *Dem deutschen Volke* seiner Anerkennung der geschichtlichen Rolle des nun vereinten Reiches die besorgte Mahnung folgen: »So auf's Neue nimm in der Weltgeschichte / Deine Stelle, walte des Amts mit Würde, / Und den mühsalduldenden Völkern sich're / Frieden und Freiheit!«[65] Der Österreicher Ferdinand von Saar dagegen, der noch 1861 Deutschland als »Land der Träume« gepriesen hatte, das durch »Sprache, Sitte und das ewig Schöne« fester als durch eine Krone verbunden sei (S. 138), sah später nur noch die waffenstarrende Realität, eine Hegemonie der Macht, nicht mehr des Geistes (S. 149 f.).

Was nach der Reichsgründung Wirklichkeit geworden war,

63 Vgl. Georg Bollenbeck / Karl Riha, »Im deutschen Kaiserreich«, in: *Geschichte der politischen Lyrik in Deutschland*, hrsg. von Walter Hinderer, Stuttgart 1978, S. 243.

64 Ein schönes Beispiel dafür bietet, wenn auch angesichts der in die Tausende gehenden patriotisch-poetischen Massenproduktion zahlenmäßig nicht ins Gewicht fallend, die erfolgreiche Sammlung *Lieder zu Schutz und Trutz. Gaben deutscher Dichter aus der Zeit des Krieges im Jahre 1870* [bzw. im letzten Teil: *in den Jahren 1870 und 1871*], ges. und hrsg. von Franz Lipperheide, Sammlung 1–4, Berlin 1870–71.

65 Heinrich Leuthold, *Gedichte*, 3., verm. Aufl., Frauenfeld 1884, S. 182.

hatten zwar die Liberalen ursprünglich nicht gewollt, wohl aber die Konservativen und Monarchisten, etwa Emanuel Geibel mit religiöser Emphase im *Türmerlied* von 1843 oder 1861 in seinem Gedicht *Deutschlands Beruf* mit den ominösen Schlusszeilen, dass »am deutschen Wesen / Einmal noch die Welt genesen« werde (S. 137). Von hier ist es nicht weit zu den imperialistischen Vorstellungen Felix Dahns, Friedrich Lienhards und Arthur von Wallpachs oder zu manchen militaristischen Verlautbarungen, die auf dem Weg zum Ersten Weltkrieg genau die von kritischen Beobachtern geäußerten Mahnungen und Befürchtungen bestätigen: Dass über der militärischen und wirtschaftlichen Machtentfaltung des Reiches das andere, das geistige, kulturelle Deutschland, dass die Rede vom dienenden »heilig Herz der Völker« seine Wahrheit und damit seine Ausstrahlung verloren hatte.

VII

Begonnen hatte der Prozess der Mobilmachung des Geistes und der Religion in den Freiheitskriegen; er fand in der Kriegsdichtung von 1870/71 und im nationalen Überschwang der Reichsgründung neue Nahrung und gelangte mit dem Ausbruch des Ersten Weltkriegs und der damit verbundenen rauschhaften Kriegsbegeisterung zu seinem Höhepunkt. Selbst sozialdemokratische Arbeiterdichter wie Karl Bröger standen nicht zurück. Nur wenige Schriftsteller entzogen sich diesen nationalistischen und chauvinistischen Aufwallungen; dass es auf der Gegenseite nicht freundlicher zuging, macht die Sache nicht besser. Jedenfalls erschienen in den ersten Kriegsmonaten Tausende von Gedichten in Zeitungen und Gedichtbänden, die den Kriegseintritt feierten als Aufbruch, als Ausbruch aus einer erschlaffenden Friedenszeit, als Gelegenheit, im »›Stahlbad des Krieges‹ [...] das Deutsche Reich zu schmieden«.[66] Richard Dehmels *Lied an Alle* in einer kleinen Sammlung von Kriegsgedichten – »Der Reinertrag dieses Flugblattes wird dem Infanterie-Regiment 31 (Altona) zu Liebesgaben überwiesen« – beginnt mit der Strophe:

66 Karl Riha, »Politisch engagierte Lyrik um die Wende vom 19. ins 20. Jahrhundert«, in: *Geschichte der politischen Lyrik in Deutschland*, hrsg. von Walter Hinderer, Würzburg 2007, S. 259. [Aktualisierte Neuaufl. des Bandes von 1978 (Anm. 63).]

Sei gesegnet, ernste Stunde,
die uns endlich stählern eint;
Frieden war in Aller Munde,
Argwohn lähmte Freund wie Feind –
jetzt kommt der Krieg,
der ehrliche Krieg![67]

Religiöses Vokabular, religiöse Opfervorstellungen, Gebete sind allgegenwärtig in den Kriegsgedichten nicht nur bei Dehmel, der allerdings bei seiner Verschränkung von Religion und vaterländischer Kriegsrhetorik kaum Grenzen kennt, ob er das *Lied für unsre Flotte* »empor zum lieben Gotte« schickt (»Der Kaiser, der die Flotte schuf, / der steht mit Gott im Bunde, / denn das ist Deutschlands Weltberuf: / es duckt die Teufelshunde«), ob er in *Deutschlands Fahnenlied* den »Adler« »eine Krone von Himmelslicht« tragen oder in *Alldeutschlands Erweckung* selbst die Pferde »für Deutschlands Ehre und Recht und Macht« einstehen lässt: »selbst unsre Tiere spürten den Ernst / der großen Gottesstunde.« Zugleich zeigt sich immer wieder kontrapunktisch zur heldischen Aufbruchsemphase eine schicksalhafte Todesbereitschaft, die die alten Vorstellungen vom Tod fürs Vaterland, von Sieg oder Tod angesichts einer Welt von Feinden aufnimmt: »Deutschland gegen alle Welt«, so sieht Dehmel die Situation in seinem *Gebet ans Volk* (S. 157). Dabei bleibt das Schicksal des Einzelnen in seiner Vergänglichkeit einem mythischen, ewigen Vaterland untergeordnet. Mit den Worten »Du sollst bleiben, Land! / Wir vergehn«, endet Rudolf Alexander Schröders *Deutscher Schwur* in seinem Band mit Kriegsgedichten *Heilig Vaterland* (1914; S. 156). Und die häufig geäußerte Überzeugung, für eine gerechte Sache zu kämpfen oder in den Krieg hineingezwungen worden zu sein, bleibt auch nach der Niederlage wach, so dass bei Börries von Münchhausen selbst das *De profundis* zu einer selbstgerechten, trotzigen Anrufung wird: »Wir schreien um Gerechtigkeit, / Wir mußten uns doch wehren, / Wie kannst ein schuldlos Volk du heut / Dafür entehren?!« (S. 162)

Bei der Instrumentalisierung der Religion für den schicksalhaften Kampf gewinnt die Berufung auf die germanische Tradition

67 Richard Dehmel, *Volksstimme Gottesstimme. Kriegsgedichte*, Hamburg 1914, S. [3]. – Die folgenden Zitate ebd., S. [8], S. [7], S. [3].

erneut Aktualität. Nicht zufällig taucht die heldische germanische Götterwelt vermehrt auf, vermischen sich christliche und heidnische Vorstellungswelten. In grotesker Form geschieht das etwa bei Richard Dehmel, der in seiner *Predigt an das deutsche Volk in Waffen*, gedruckt in dem Band *Der Heilige Krieg – Gedichte aus dem Beginn des Kampfes* (1915), die ganze germanische Götterwelt samt den Walküren mit dem reinen »Krist« und der »Jungfrau-Mutter Marie« zusammenbringt.[68] Ohne den christlichen Gott überhaupt beim Namen zu nennen, kommt Will Vespers Konzept vom ›deutschen Gott‹ aus, denn in dessen Manifestationen in der deutschen Geschichte ist immer schon bzw. noch der kämpferische »alte Wolkenwandrer« Wotan präsent. Und indem aus dem »Gott unsrer Schwerter« zugleich die gesamte deutsche Geisteswelt spricht, kommt zur Germanisierung und Militarisierung des Glaubens die des Geistes und der Kultur hinzu, verkörpert in den ›großen Deutschen‹ von Walther von der Vogelweide bis Goethe (S. 159).[69] Es wundert dann schon nicht mehr, wenn Ernst Lissauer in dem Gedicht *Führer* gewissermaßen eine himmlische »Mannschaft« von Luther über Beethoven und Goethe bis hin zu Bismarck zur »Wacht« über Deutschlands Grenzen aufstellt: »Generalstab der Geister, mitwaltend über der Schlacht.« (S. 158) Die völkische Zukunft deutet sich in dieser Pervertierung und Dehumanisierung des Christentums an. Eine andere Art des Kulturimperialismus spricht aus Friedrich Lienhards Gedicht *Deutsche Sendung* mit seinen Durchhalteparolen (»Halt aus, mein Heldenvolk, verzage nicht!«), denn die Toten, »Wodans wildes Heer«, »schaffen an Deutschlands Kraft und Ehr« und bekräftigen damit Deutschlands Mission als »Land der Liebe«: Auch wenn gegenwärtig Hass in Europa regiere und die Feinde sich von der Sonne Deutschland entfernten, bald kämen sie frierend wieder her und sonnten »sich an deiner Stärke warm«.[70] Was war aus Hölderlin – oder auch Schiller[71] – geworden, könnte man fragen.

68 Abgedruckt bei Schröder (Anm. 1), S. 265.

69 Vgl. Schröder (Anm. 1), S. 259 ff., und sein Kapitel »Der deutsche Wotan-Komplex oder Die Lust am Untergang«, ebd., S. 61–83.

70 Friedrich Lienhard, *Heldentum und Liebe. Kriegsgedichte*, Stuttgart 1915, S. 33–35.

71 Lienhard macht Schiller zu einem Propagandisten des Krieges, indem er in seiner Bearbeitung eines von späteren Herausgebern *Deutsche Größe* überschrie-

Die politische und kulturelle Zerrissenheit der Weimarer Republik spiegelt sich auch in den Deutschlandgedichten. Eher eine Nebenrolle spielt dabei die Klage über die selbstverschuldete Katastrophe, wie sie Brecht in seiner Rede an die weibliche Personifikation des besudelten Landes (»Deutschland, du Blondes, Bleiches«) formuliert, das sein Herz für Fahnen verkauft habe. Einen Hoffnungsschimmer bietet allein die Amerika-Utopie am Ende: »Und in den Jungen, die du / Nicht verdorben hast / Erwacht Amerika!« (S. 164). Brecht war Anfang zwanzig, als er das Gedicht schrieb. Entscheidend für das kulturelle und politische Klima der Nachkriegszeit, wie es die Gedichte reflektieren, ist jedoch die Radikalisierung der Gegensätze zwischen Links und Rechts. Auf der einen Seite stehen die Autoren, die an der Weimarer Republik die ungebrochene Kontinuität von kaiserzeitlichen Gesellschaftsstrukturen, Militarismus, Obrigkeitsstaat und Untertanengeist kritisieren und schließlich – wie Tucholsky – Abhilfe nur in einer proletarischen Revolution sehen, und auf der anderen die nationalen bzw. nationalistischen oder völkisch-rassistischen Gegner der Republik, die von der ›Dolchstoßlegende‹ eines im Kampf unbesiegten Landes ausgehen, auf Rache sinnen und von der Wiederherstellung alter Größe in einem machtvollen neuen und zugleich ewigen Deutschland träumen.

So verpflichtet Erika Spann-Rheinsch in einem Ende 1918 im *Brünner Tagesboten* erschienenen Gedicht zum Waffenstillstand die nächste Generation – »Du Knabe, blutgeäugt und blond« –, für eine siegreiche Zukunft zu sorgen: »Nun, Knabe, kommt es auf dich an!« (S. 161) Schriller ist der Weckruf des später von Alfred Rosenberg in einem Vermächtnisband gewürdigten Dietrich Eckart, der 1919 unter Sturmgeläute selbst die Toten zum »Donner der Rache« aufruft: »Deutschland, erwache!« (S. 163) In erweiterter und gelegentlich leicht veränderter Form wurde das *Sturmlied*, so der Titel nach den Rufen der Strophenanfänge, zu einem Kampf-

benen Gedichtfragments die Zeilen »Das ist nicht des Deutschen Größe / Obzusiegen mit dem Schwert« durch einen Zusatz ins Gegenteil verkehrt: »Das ist nicht des Deutschen Größe, / Nur in äußerm Kampfgetöse / Obzusiegen mit dem Schwert […].« Vgl. dazu Christian Grawe, »Schillers Gedichtentwurf ›Deutsche Größe‹: ›Ein Nationalmythos im höchsten Stil‹? Ein Beispiel ideologischen Mißbrauchs in der Germanistik seit 1871«, in: *Jahrbuch der Deutschen Schillergesellschaft* 36 (1992) S. 190f.

lied der NSDAP und der SA (Sturmabteilung). Von der von Eckart herausgegebenen »Wochenschrift für Ordnung u. Recht« *Auf gut deutsch* (1919–21) mit ihrem antisemitischen und nationalistischen Programm, mit der Verachtung des parlamentarischen Systems (»Wie jämmerlich das alles ist, / Der ganze Dunst aus Lug und List!«)[72] führt der Weg direkt in den Nationalsozialismus: Eckart wurde nach der Einstellung seiner Zeitschrift Chefredakteur des *Völkischen Beobachters*.

Autoren wie Kurt Tucholsky oder Erich Kästner konstatieren und beklagen dagegen, auch mit den Mitteln der Parodie populärer Gedichte und Lieder und Anklängen an Heines ironischen Stil, die Kontinuitäten zwischen Kaiserreich und Republik. Wenn Kästner in dem 1930 erschienenen Gedicht bitter-ironisch *Die andere Möglichkeit* ausmalt, was nämlich aus Deutschland geworden wäre, wenn es den Krieg gewonnen hätte, so ist das nur die satirische Zuspitzung der tatsächlichen Verhältnisse. Die Niederlage Deutschlands im Ersten Weltkrieg und die Konstituierung der Republik bedeuteten keinen grundlegenden Wandel der gesellschaftlichen und politischen Verhältnisse; das hatte schon Kästners Parodie des Mignon-Liedes von 1928 konstatiert.

Auch Tucholsky sieht in den Weimarer Verhältnissen eine Fortsetzung unglücklicher deutscher Traditionen, nicht zuletzt der des Militarismus, wie es die Parodie des Kinderlieds »Laterne, Laterne« im Refrain des *Deutschen Liedes* aus dem Krisenjahr 1923 deutlich macht (S. 165). Daneben aber richtet er, anders als Kästner, den Blick auf die sozialen Verhältnisse und die politische Justiz, auf den Umstand, dass auch die alte Klassengesellschaft mit ihrer Unterdrückung des Proletariats und der Linken ungebrochen weiter besteht. Die Sozialdemokratie hat, und das bleibt Tucholskys Vorwurf in seinen späteren Prosatexten, 1918 eine proletarische, eine wirkliche Revolution verhindert.[73] Die Radikalisierung der Situa-

72 So beginnt Eckarts Gedicht *Parlamentarier* auf der ersten Seite der Ausgabe vom 13. Juni 1919. Die letzten Zeilen lauten: »Verbindlich allen nacheinand' / Drückt ihnen Salomon die Hand. // Und freut sich ihrer ungemein – / Lieb Vaterland, magst ruhig sein.«

73 In Tucholskys Text »November-Umsturz« (1928) heißt es: »Das, was sich damals abgespielt hat, ist keine Revolution gewesen«, und: »Die deutsche Revolution steht noch aus« (*Gesammelte Werke in 10 Bänden*, hrsg. von Mary Gerold-Tucholsky und Fritz J. Raddatz, Reinbek 1975, Bd. 6, S. 300 f.). – Vgl.

tion und das zunehmende Erstarken des Nationalsozialismus reflektiert dann sein im Unterschied zum vorigen Lied offensiv-kämpferisches Gedicht *Deutschland erwache!* von 1930, das die Parole von Eckarts SA-Lied aufnimmt, von der Staatsmacht verfolgte Kommunisten und von ihr gestützte Nationalsozialisten konfrontiert und den Weckruf im Sinn einer proletarischen Revolution umfunktioniert.

Aus den kritischen Stimmen, aus den Klagen und Anklagen, die nach 1933 nur noch aus dem Exil kommen können (oder zunächst unveröffentlicht bleiben), ragt Bertolt Brechts *Deutschland*-Klage von 1933 heraus (S. 172), in der ein Sohn die »bleiche Mutter«, das personifizierte Deutschland, anredet und Metaphorik und Duktus des Gedichts von 1920 (»Deutschland, du Blondes, Bleiches«) aufnimmt. Es gehört zu den zahlreichen Exil-Gedichten Brechts, die sich mit dem nationalsozialistischen Deutschland auseinandersetzen. Die bedeutendsten stehen in den *Svendborger Gedichten*, die 1939 in London erschienen.

Pathetisch ist der Ton in Johannes R. Bechers Doppelsonett *Tränen des Vaterlandes Anno 1937*, das auf Andreas Gryphius' Klage über die materiellen und seelischen Verwüstungen des Dreißigjährigen Krieges zurückverweist, zugleich aber anders als Gryphius Raum für eine bessere Zukunft lässt. Während das erste Sonett vom Gestus der Anklage und Klage bestimmt ist, erinnert das zweite an die bleibenden kulturellen Schöpfungen, allerdings geschändet von den Nationalsozialisten, die sie für sich selbst reklamieren, und die vielleicht noch unversehrte deutsche Natur. Und aus der Fruchtlosigkeit bloßer Klage und der Erinnerung an die (verratenen) kulturellen Leistungen folgt der Aufruf, sich im »Haß« zu vereinen, um dann, stark geworden, den deutschen Irrweg zu beenden und im Dreiklang von Farbe, Klang und Wort – Grünewald, Bach und Hölderlin – die Auferstehung eines neuen Deutschland zu feiern. Ohne Zweifel verkörpert Becher, seit 1919 Mitglied der Kommunistischen Partei, mit seiner Sprache und seinem Kulturbewusstsein Werte der bildungsbürgerlichen deutschen Tradition in weit größerem Maße als etwa Brecht, und am

Alexander von Bormann, »Kurt Tucholsky, *Deutsches Lied*«, in: *Geschichte im Gedicht. Texte und Interpretationen*, hrsg. von Walter Hinck, Frankfurt a. M. 1979, S. 199–205.

Ende leuchtet noch einmal – mit religiösen Anklängen – expressionistisches Pathos auf. Dass die Anspielung auf Gryphius' exemplarisches Antikriegsgedicht mit dem Beginn des Krieges zwei Jahre später eine noch tiefere Bestätigung erfahren würde, konnte Becher allenfalls ahnen.

Das ›bleibende Deutschland‹ der NS- und Blut-und-Boden-Dichter sieht anders aus als bei Becher.[74] Wenn sich Will Vesper oder Hermann Burte auf die Landschaft, die Natur oder auf Kulturdenkmäler beziehen, endet es entweder bei den Eichenwäldern der Germanen (Burte, S. 175) oder der ewigen »Erde«, die zu »dem bangen Volke« von alter Zeit raunt und aus der neue Kraft entspringt (Vesper, S. 171). Und vom »Blut« ist natürlich auch in beiden Gedichten die Rede. Unfertig ist das deutsche Volk allerdings durchaus noch, wie Heinrich Anacker erkennt; es bedarf der Formung durch den Hammerschlag des ›Führers‹, der es – wie Michelangelo »das Bild des Herrn« – zum Monument gestaltet (S. 172). Und auch diejenigen müssen zur Wahrheit geführt werden, die einst »sich in Schuld und Irrtum« verrannt hatten. Es ist Aufgabe der Wissenden als »deutscher Zukunft Fackelträger«, sich dieser Aufgabe ohne Wenn und Aber zu widmen: »Und nie geschieht's, daß vor dem Werk uns graut« (S. 176). Die Drohung ist offensichtlich.

VIII

So wenig wie der Kriegsbeginn 1939 im Unterschied zum Ersten Weltkrieg mit Enthusiasmus begrüßt wurde, so wenig konnte die Rede vom Vaterland nach den in seinem Namen begangenen Verbrechen ungebrochen weitergehen: »Es gibt ein Wort, das Vaterland heisst. / Sie haben's verdorben, die Hunde«, lautet das Fazit in einem Gedicht Paul Mayers aus dem südamerikanischen Exil.[75] Und angesichts der Berichte über die Verbrechen in den Konzentrationslagern stimmt Mascha Kaléko im Frühjahr 1943 mit *Hoere, Teutschland* einen furiosen apokalyptischen Hass- und Rachegesang an, der seinesgleichen sucht (S. 177). Im Gegensatz dazu fin-

74 Zur NS-Lyrik vgl. Albrecht Schöne, *Über politische Lyrik im 20. Jahrhundert*, Göttingen ²1969, S. 8–38, dazu den Anhang mit Texten.

75 Paul Mayer, *Gedichte*, hrsg. und mit einem Nachw. vers. von Peter Engel, Stuttgart 1982, S. 62 [Nachdr. der Ausg. Mexiko-Stadt 1944].

det Bertolt Viertel in seiner *Ode an Deutschland* von 1946, noch aus der Emigration, versöhnlichere Töne, mit Mahnungen und Aufforderungen freilich, die lange ohne Resonanz blieben: »Hört endlich auf die lange verschmähten Warner! / Entdeckt und ehrt / Eure wahren Märtyrer! / Entsühnt euch / Von den Verbrechen der verwüstenden Epoche« (S. 181). Ein frommer Wunsch angesichts der Ablehnung, auf die die Emigranten bei ihrer Rückkehr stießen, und angesichts der geringen Bereitschaft, sich mit der nationalsozialistischen Vergangenheit auseinanderzusetzen.

Als 1963 der Frankfurter Auschwitzprozess und damit die erste große juristische Aufarbeitung der Massenvernichtung in den nationalsozialistischen Konzentrationslagern begann, lag das Erscheinen von Paul Celans *Todesfuge* bereits fünfzehn Jahre zurück, eines Gedichts, das in der Anlehnung an die musikalische Form der Fuge mit dissonant organisierten Bildern und Klängen von großer Suggestionskraft die Schrecken des Holocaust beschwört.[76] Während die Diskussion über Celans Gedicht eher um ästhetische Fragen der Darstellbarkeit des unermesslichen Grauens – noch dazu in ›schönen‹ Bildern – kreiste bzw. sich an Adornos Diktum von 1949 abarbeitete, es sei »barbarisch«, »nach Auschwitz ein Gedicht zu schreiben«,[77] ging die politische Praxis zur Tagesordnung über: Mit der Etablierung von zwei deutschen Staaten im Jahr 1949 stellte sich die Frage nach Nationalhymnen, also nach Deutschlandgedichten par excellence.

Zwar etablierte sich die BRD einige Monate vor der DDR, aber

76 »Celans Rückgriff auf eine Form vorindividualistischer Musik will als Versuch verstanden werden, die ästhetische Gestaltung des Grauens der Ohnmacht des subjektiven Gedichts zu entziehen, also eine Objektivierung zu erreichen, die das Gebilde auch von dem Vorwurf einer unangemessenen Schönheit freihalten könnte.« Dem gleichen Ziel dienten auch die Formelhaftigkeit und die Verwendung deutscher und jüdischer Motive und Bildvorstellungen: »Nur auf dem Weg des Zitierens gelangt so auch ›Schönheit‹ in diesen Text« (Peter Horst Neumann, »Schönheit des Grauens oder Greuel der Schönheit?«, in: *Geschichte im Gedicht* [Anm. 73], S. 234). Das Gedicht ist allerdings nicht unumstritten; vorgeworfen wird ihm eine Tendenz zur Ästhetisierung; vgl. u.a. die Hinweise bei Dieter Lamping, *›Wir leben in einer politischen Welt.‹ Lyrik und Politik seit 1945*, Göttingen 2008, S. 37–39; *Celan-Handbuch. Leben – Werk – Wirkung*, hrsg. von Markus May [u.a.], Stuttgart/Weimar 2008, S. 47–49 und S. 53 f. (Literatur).

77 Theodor W. Adorno, *Kulturkritik und Gesellschaft I*, Frankfurt a.M. 1977, S. 30.

mit der Nationalhymne ließ man sich im Westen mehr Zeit. Das *Lied der Deutschen* von Hoffmann von Fallersleben kam für die DDR nicht in Frage. Es war auch im ›Dritten Reich‹ wegen der imperialistisch interpretierbaren ersten Strophe Nationalhymne geblieben und wurde dann, zusammen mit dem ebenfalls zur Hymne erhobenen Horst-Wessel-Lied, 1945 von den Alliierten verboten. Der Auftrag für eine neue Hymne ging an Johannes R. Becher, der auf Vorarbeiten zurückgreifen konnte. Sein Text wurde, in der Vertonung von Hanns Eisler, am 5. November 1949 zur Nationalhymne erklärt, eine Hymne, die sich mit ihrer Sehnsucht nach Einheit, ihrem weihevoll-patriotischen Gestus und manchen sprachlichen Wendungen grundsätzlich nicht von der dritten Strophe des Deutschlandliedes unterscheidet, der späteren Hymne der BRD.[78] Eine Alternative ohne dieses antiquierte Pathos mit seinen Leerformeln wäre Brechts *Kinderhymne* gewesen, eine Kontrafaktur von Hoffmanns Lied; sie fand keine offizielle Unterstützung. Bechers Hymne selbst allerdings wurde von der Politik überholt. Seit den siebziger Jahren war das Lied vom »einig Vaterland« bei offiziellen Anlässen nicht mehr erwünscht, logische Konsequenz der nun von der DDR vertretenen Zwei-Staaten-Theorie. Es kam erst während der Wende 1989/90 noch einmal kurz zu Ehren.

Im Westen dauerte es bis 1952, ehe Hoffmanns *Lied der Deutschen* mit der Melodie Joseph Haydns auf Drängen Konrad Adenauers offiziell als Nationalhymne eingeführt wurde, wobei – so Adenauer – bei »staatlichen Veranstaltungen [...] die dritte Strophe gesungen werden« solle.[79] Die Alternative, die Rudolf Alexander Schröder auf Bitte des ersten Bundespräsidenten Theodor Heuss vorgelegt hatte und Deutschland höchst rückwärtsgewandt und durchaus verlogen in drei choralartigen Strophen als Land des Glaubens, der Hoffnung und der Liebe besang, fand zum Glück keine Fürsprecher. Aber damit war die Hymnendiskussion nicht zu Ende, wie die zahlreichen Hymnenvariationen und -parodien der

78 Vgl. Hermann Kurzke, »Drei deutsche Hymnen«, in: *Deutsches Lied*, hrsg. von Gregor Ackermann [u.a.], Bd. 1, Bielefeld 2007, S. 13–33, hier S. 25. Kurzkes Text geht auf Kapitel in seinem Buch *Hymnen und Lieder der Deutschen* (Mainz 1990) zurück. Zu dem Komplex ›Deutsche Nationalhymnen‹ vgl. weiter: Guido Knopp / Ekkehard Kuhn, *Das Lied der Deutschen. Schicksal einer Hymne*, Berlin / Frankfurt a.M. ²1990; Schröder (Anm. 1), S. 27–46.

79 Zitiert nach Knopp/Kuhn (Anm. 78), S. 110.

folgenden Jahrzehnte bezeugen. ›Hymnen‹ wurden zum Spiegel politischer Auseinandersetzungen, sei es als unmittelbare Antwort auf die Konstituierung der kapitalistischen BRD (Brechts *Bonner Bundeshymne*), sei es in Form revanchistischer Zusatzstrophen zum Deutschlandlied,[80] sei es als Auseinandersetzung mit dem Verdrängen der Vergangenheit und der ›Unfähigkeit zu trauern‹ oder als Reflexion über die Teilung Deutschlands. Feierliche Gesänge sind das nicht mehr.

Begleitet werden diese meist kritischen Gedichte von anderen Texten, die sich auf ihre Weise mit der Last der Vergangenheit und der deutschen Teilung auseinandersetzen, auf die Exilsituation rekurrieren (an der dann auch DDR-Autoren unfreiwillig nach der Ausbürgerung Wolf Biermanns 1976 teilhatten), die innenpolitischen Krisen in DDR und BRD kommentieren oder vor dem Wiederaufleben des Rechtsradikalismus warnen. Hans Magnus Enzensberger thematisiert in seinem Langgedicht *landessprache*, das die gleichnamige Gedichtsammlung von 1960 einleitet, das prekäre Verhältnis vieler Intellektueller dieser Jahre zu ihrem Land:

> deutschland, mein land, unheilig herz der völker,
> ziemlich verrufen, von fall zu fall,
> unter allen gewöhnlichen leuten:
>
> meine zwei länder und ich, wir sind geschiedene leute,
> und doch bin ich inständig hier,
> in asche und sack, und frage mich:
> was habe ich hier verloren?[81]

In diesen kritischen Gedichten spielen auch wieder die Techniken der Kontrafaktur und der Parodie eine wichtige Rolle, etwa in Peter Rühmkorfs desillusionierter Variation des auch sonst häufig herangezogenen *Gesangs des Deutschen* Friedrich Hölderlins. Oder

80 Vgl. die beiden Zusatzstrophen, die unter dem Titel … *nun erst recht!* im Januar 1956 im *Reichsruf*, dem Parteiorgan der rechtsextremen Deutschen Reichspartei, erschienen (*Deutsche Teilung. Ein Lyrik-Lesebuch*, hrsg. von Kurt Morawietz, Wiesbaden 1966, S. 314).

81 Hans Magnus Enzensberger, *landessprache. Gedichte*, Frankfurt a.M. 1960, S. 12.

sie nehmen, wie Ingeborg Bachmann (oder zuvor Paul Celan), auf andere Weise »ihren Weg durch die fragwürdig gewordene deutsche ästhetische Kultur«,[82] indem sie Sprachformen, Motive und Bilder aus der Tradition aufnehmen und zugleich aufbrechen, Schönheit und Erinnerung an die Schrecken der Vergangenheit miteinander verbinden. So wird aus Ingeborg Bachmanns scheinbar romantisierendem Naturgedicht *Früher Mittag* mit Märchensymbolik und Volksliedanklängen eine subtile Evokation der traumatischen Verletzungen der Vergangenheit.

Wenn es noch eines Beweises bedurft hätte, dass die Zeiten für erhebende nationale Gesänge (ausgenommen bei Fußballereignissen) und die Wiederverwertung stereotyper vaterländischer Phrasen vorüber waren, die poetischen Reaktionen auf Mauerfall und Wiedervereinigung hätten ihn geliefert.[83] Die öffentliche Euphorie – ›Wahnsinn‹ – schlug sich nicht in der Literatur nieder, weder im Westen noch im Osten. Heinz Czechowski notiert im November 1989 lakonisch in dem Text *Die überstandene Wende*:

> Was hinter uns liegt,
> Wissen wir. Was vor uns liegt,
> Wird uns unbekannt bleiben,
> Bis wir es
> Hinter uns haben.[84]

Zwiespältige Gefühle, Identitätsprobleme, Rückblicke mit oder ohne Bedauern, Klagen und Anklagen sind die Themen. Hoffnungen und Erwartungen machten bald Ernüchterung Platz, es sei denn, man sah sich mit dem Untergang der DDR ohnehin auf der falschen Seite der Geschichte und hatte nichts Gutes erwartet. Dass

82 Schröder (Anm. 1), S. 321. Auch zum folgenden: ebd., S. 321 ff.

83 Die wichtigsten Anthologien der Wendezeit sind: *Grenzfallgedichte. Eine deutsche Anthologie*, hrsg. von Anna Chiarloni und Helga Pankoke, Berlin/Weimar, 1991; *Von einem Land und vom andern. Gedichte zur deutschen Wende 1989/90*, mit einem Essay hrsg. von Karl Otto Conrady, Frankfurt a. M. 1993; *Einigkeit und aus Ruinen. Eine deutsche Anthologie*, hrsg. von Heinz Ludwig Arnold, Frankfurt a. M. 1999.

84 Heinz Czechowski, *Nachtspur. Gedichte und Prosa 1987–1992*, Zürich 1993, S. 148.

das Niederreißen der Grenzbefestigungen und die Vereinigung der beiden deutschen Staaten – beschlossen wurde von der frei gewählten Volkskammer der »Beitritt« der DDR zur Bundesrepublik – erst der Anfang sein würde, ist bereits Thema eines der frühesten Gedichte über den Mauerfall: »Als wir sie schleiften, ahnten wir nicht, / wie hoch sie ist / in uns«, heißt es bei Reiner Kunze (S. 203). Und Volker Braun thematisiert in dem Gedicht *Das Eigentum* (S. 204) den inneren Zwiespalt und die Enttäuschung, dass mit dem Ende der DDR die Hoffnung auf einen humanen Sozialismus, für den er in stetem Konflikt mit der DDR-Führung eingetreten war, jede Grundlage verloren hatte. Zugleich meint das »Eigentum« mehr als nur den ökonomischen Aspekt (›Volkseigentum‹), denn neben der offensichtlichen Anspielung auf Büchner und den von Braun in einer Anmerkung genannten Bezug auf ein Gedicht Walthers von der Vogelweide gibt es auch einen indirekten Verweis auf Hölderlins Ode *Mein Eigentum* und damit auf einen weiteren, poetologischen Sinn des Begriffs: »Ihr segnet gütig über den Sterblichen / Ihr Himmelskräfte! jedem sein Eigentum, / O segnet meines auch und daß zu / Frühe die Parze den Traum nicht ende«, lautet die letzte Strophe von Hölderlins Gedicht. Und vorher hatte es geheißen: »Sei du, Gesang, mein freundlich Asyl!«[85]

Einen wesentlichen Ansatz zur Kritik bot der Vollzug der Wiedervereinigung, die neben den demokratischen Freiheiten auch alle negativen Begleitumstände der kapitalistischen Marktwirtschaft mit sich brachte und vielfach als rücksichtslose Übernahme, als eine Neustrukturierung bzw. Privatisierung der Wirtschaft (›Abwicklung‹) gegen die Interessen der Bevölkerung empfunden wurde. Die Kritik kam nicht nur von marxistischen ostdeutschen Schriftstellern wie Volker Braun und Peter Hacks oder von dem aus der DDR ausgebürgerten Wolf Biermann, sondern auch von einem ideologisch eher unverdächtigen Lyriker wie Karl Krolow: Der Westen »ist mobil, besorgt, als wär's das Seine – schon Immobilien. / Merke: das *ganze* Deutschland soll es sein« (S. 211) – eine bittere Pointe nach Ernst Moritz Arndt. Günter Grass, heftiger Kritiker der Art der Wiedervereinigung und der Rolle der für die

85 Hölderlin (Anm. 21), Bd. 1, 1992, S. 224, S. 223. – Zu Volker Brauns Gedicht vgl. u.a. die Hinweise bei Conrady (Anm. 83), S. 238 ff.; Klaus Welzel, *Utopieverlust – die deutsche Einheit im Spiegel ostdeutscher Autoren*, Würzburg 1998, S. 94–113; Schröder (Anm. 1), S. 352 ff.

›Abwicklung‹ zuständigen Treuhandanstalt in Gedichten, Essays und seinem Roman *Ein weites Feld* (1995), entwarf in *Novemberland* (1993), einem Zyklus von dreizehn Sonetten, ein düsteres Deutschlandbild, indem er die Ereignisse vom 9. November 1989 in der Tradition früherer Novembertage (u.a. November 1918, Reichspogromnacht 1938) sah und die Restauration einer unheilvollen Vergangenheit unterstellte. Und zur ökonomischen Seite der Wiedervereinigung heißt es in dem Sonett *Späte Sonnenblumen* lakonisch: »Geschieden sind wie Mann und Frau / nach kurzer Ehe Land und Leute. / Karg war die Ernte, reich die Beute. / Ach, Treuhand hat uns abgeschöpft.«[86] Zwar ebenfalls sarkastisch, aber ohne Bedauern und Trauer geben sich die poetischen Reflexionen Ron Winklers über das Ende der DDR, »eine Seitenmoräne der Geschichte«, durch eine sanfte Revolution (S. 216). Vielleicht wäre eine unaufgeregte Normalität ein erstrebenswertes Ziel. Heinz Czechowski:

> […] Ich
> Beginne zu begreifen,
> Daß jeglicher auf seine Art
> Unglücklich oder glücklich werden kann. Die Geschichte,
> Auf die wir uns berufen
> Ist eine Ausrede
> Vor unsrer Gegenwart,
> Von der wir reden,
> Ohne zu erröten. (S. 208)

86 Günter Grass, *Sämtliche Gedichte 1956–2007*, hrsg. von Werner Frizen, München 2007, S. 287.

1 Ir sult sprechen willekomen,
der iuch mære bringet, daz bin ich!
allez daz ir habet vernomen,
daz ist gar ein wint, nû frâget mich.
ich wil aber miete:
wirt mîn lôn iht guot,
ich gesage iuch lîhte, daz iuch sanfte tuot.
sehet, waz man mir êren biete.

2 Ich wil tiutschen frouwen sagen
solchiu mære, daz si deste baz
al der werlte suln behagen.
âne grôze miete tuon ich daz:
ze rîcheme lône
sint si mir ze hêr.
sô bin ich gefüege und bite si nihtes mêr,
wan daz si mich grüezen schône.

3 Tiutsche man sint wol gezogen,
rehte als engel sint diu wîp getân.
swer si schildet, derst betrogen,
ich enkan sîn anders niht verstân.
tugent und reine minne,
swer die suochen wil,
der sol komen in unser lant, da ist wunne vil.
lange müeze ich leben dar inne!

4 Ich hân lande vil gesehen
unde nam der besten gerne war.
übel müeze mir geschehen,
kunde ich ie mîn herze bringen dar,
daz ime wol gevallen
wolde frömder site.
nû, waz hulfe mich, ob ich unrehte strite?
tiutschiu zuht gât vor in allen.

5 Von der Elbe unz an den Rîn
unde wider unz in Ungerlant,
sô mugen wol die besten sîn,
die ich in der werlte hân bekant.
kan ich rehte schouwen
guot gelæze und lîp,
semir got, sô swüere ich wol, daz dâ diu wîp
bezzer sint danne anderswâ frouwen.

6 Der ich vil gedienet hân
unde iemer gerne dienen wil,
diu ist von mir vil unerlân.
iedoch sô tuot si leides mir sô vil.
si kan mir versêren
daz herze und den muot.
nû vergebez ir got, daz si an mir missetuot.
her nâch mac si sichs bekêren.

1 Ihr sollt sprechen »Willkommen!«
Der Euch Neues bringt – das bin ich!
Alles, was Ihr vernommen habt,
das ist geradezu wie nichts, nun fragt mich.
Ich will aber eine Gegenleistung:
Wird mein Lohn dann gut,
verkünde ich Euch gewißlich etwas, das Euch angenehm ist.
Seht zu, was man mir an Ehren anbietet.

2 Ich möchte den deutschen Damen sagen
solche Neuigkeit, daß sie um so mehr
der ganzen Welt gefallen sollen.
Ohne große Gegenleistung tue ich das:
Für reichen Lohn
sind sie mir zu erhaben.
Daher bin ich bescheiden und bitte sie um nichts mehr,
als daß sie mich huldvoll grüßen.

3 Deutsche Männer sind wohlerzogen,
ganz wie Engel sind die Frauen geschaffen.

Wer sie tadelt, der ist verblendet,
ich kann es mir anders nicht erklären.
Tugend und reine Minne,
wer immer die suchen will,
der soll in unser Land kommen, da ist viel Herrlichkeit.
Dürfte ich lange darin leben!

4 Ich habe viel der Länder gesehen
und sah mich in den besten gerne um.
Schlecht möge es mir ergehen,
könnte ich je mein Herz dazu bringen,
daß ihm wohlgefallen
wollte fremde Sitte.
Nun, was hülfe es mir, wenn ich Falsches behauptete?
Deutsche Lebensart ist ihnen allen überlegen.

5 Von der Elbe bis an den Rhein
und wieder zurück bis nach Ungarn,
dort dürften wohl die besten sein,
die ich auf der Welt kennengelernt habe.
Kann ich richtig beurteilen
edles Benehmen und Wesen –
bei Gott, so könnte ich wohl schwören, daß hier die Frauen
besser sind als anderswo die Damen.

6 Der ich inständig gedient habe
und weiterhin gerne dienen will, –
die wird von mir gewiß nie freigegeben.
Trotzdem fügt sie mir so viel Leid zu:
Sie kann mir verletzen
das Herz und das Gemüt.
Nun, möge ihr Gott vergeben, daß sie an mir unrecht
handelt.
Danach mag sie sich eines Besseren besinnen.

Das sogenannte Preislied Walthers (um 1203) ist hier nach der Edition von Günther Schweikle in der Fassung der Handschrift C (Manessische bzw. Große Heidelberger Liederhandschrift) wiedergegeben. Übersetzung von G. Schweikle. Andere Handschriften weichen in der Strophenanordnung ab; die letzte Strophe, die den Text als Minnelied, nicht als patriotischen Gesang kennzeichnet, fehlt oft.

ANONYM

1. Frisch auff in gottes namen
du werde Teutsche nation!
Fuͤrwar jr solt euch schemen
das jr ewr gut lob last vntergon
Das jr lang habt behalten
in ehrn vnd ritterschafft
also gschach den alten
der lieb Got sol sein walten
dz verleyh vns sein goͤtliche krafft!

2. Keyser Karl auß Hispanien
ein edler Fuͤrst auß Osterreych
Er ist von Kayserlichen stamme
wo find man seins gleych?
In zuͤchten vnd in ehren
ist er gantz wol erkant
darnach thut er sich keren
wenn er das reych soll mehren
vnd aller Fuͤrsten landt.

3. Wach auff du heyligs Roͤmisch Reyche
wenn es ist an der zeyt!
jr Fuͤrsten all geleyche
ruͤst euch zu disem streyt!
wenn jr thet außerwelen
ein Keyserliches blut
darumb so thut euch gsellen
thut euch zusamen stellen
es wirt euch alß kommen zu gut.

4. Darumb so seyt gewarnet
vnd seyt eins guten muts.
Er sey reych oder arme
das er sein vatterland behuͤt
vor den Tuͤrkischen hunden.
sie fuͤren ein grossen bracht
des gleichen hab ich nicht funden
red ich zu disen stunden
keiner ehr nemen sie acht.

5. Gschicht es nicht gar balde
inn einer kurtzen zeyt
so besorg ichs mit gewalte
es werd ein grosser streyt
von Welschen vnnd von Teutschen
in gantzer Teutschen Nation.
Ich red das vnuerholen
daran soll niemands schmolen
es mag nit anderst ergan.

6. Darbey ichs will lassen bleyben
jetzund inn diser zeit.
mich verdreust weytter zu schreiben
es möcht sich einreissen zu weit.
Den verstendigen ists gesagt
den andern frag ich nichts nach.
wenn einer wirt verzaget
der ander gar verjaget
dem Teutschen land kompts zu schmach.

Entstanden wohl Anfang der zwanziger Jahre des 16. Jahrhunderts; die Bedrohung durch das Osmanische Reich hatte dramatisch zugenommen (1521 Eroberung Belgrads), zugleich sorgte die Glaubensspaltung für innerdeutsche Instabilität.

sol sein walten: soll darüber walten. • *Keyser Karl:* Der spanische König Karl V. war 1519 zum Kaiser gewählt worden. • *wenn es ist:* denn es ist. • *bracht:* Pracht, Aufwand, Prahlen. • *so besorg ichs mit gewalte:* halte ich es für unvermeidlich. • *schmolen:* schmollen: das Gesicht verziehen.

GEORG SABINUS

Elegia XII. ad Germaniam

Quo tua bellatrix abiit Germania virtus,
 dissimilis nostro tempore facta tui?
Vindelicis olim pepulisti finibus Hunnos,
 imperium magno cum sub Othone fuit.
ad Solymas urbes victricia signa tulisti,
 sceptriger imperii cum Fridericus erat.

nunc procul a Tanai ducentes agmina Turcae,
Danubii ferro depopulantur agros.
in tua grassatur terrarum viscera praedo,
ausa nec hostiles es cohibere manus.
te quibus ostentas, nunc utere grandibus hastis,
et quibus in circo ludicra bella geris!
his animosa pias hastilibus assere gentes,
si quid in audaci pectore Martis habes.
ah, pudeat Scythicis egressum finibus hostem
militiae nobis praeripuisse decus!
mollia dum sequimur nos desidis otia vitae,
aspera bellator proelia Turca facit.
dum cane venamur lepores, aut cuspide damas
figimus, ille suo milite regna capit.
denique nos tantum sine sanguine ludimus armis,
ille gerit forti seria bella manu.
at generosa tuis Germania consule rebus,
coge pharetratos vertere terga Getas.
ipsa tuas urbes e faucibus eripe leti,
et vetus imperii Marte tuere decus.
si secura mali non profligaveris hostem,
tristia crudeli vulnera clade feres.

Elegie 12. An Deutschland

Wohin, Germania, ist deine Kriegestugend entflohen,
da zu heutiger Zeit nicht mehr dir selber du gleichst?
Einstmals vertriebst du die Hunnen aus Vindelicergebiete,
als im Römischen Reich Otto der Große geherrscht.
Bis nach Jerusalem hast du dein Banner siegreich getragen,
als das Zepter des Reichs Friederich hatte geführt.
Jetzt aber bringen die Türken weither vom Don ihre Scharen,
und es verwüstet ihr Schwert schon an der Donau das Land.
In deinem Innersten wütet nunmehr der Räuber der Länder,
Einhalt gebotest jedoch nicht du der feindlichen Hand.
Jetzt mach Gebrauch von den langen Lanzen, mit denen du prahlest
und womit beim Turnier Schauspiel des Kampfes du zeigst!

Hochgemut schare jetzt frommes Volk um deine Paniere,
  wenn dir der Kriegsgott noch stets lebt in der mutigen Brust.
Schämen müssen wir uns, daß ein Feind aus skythischen Landen
  uns der Kriegstaten Ruhm heute so gänzlich entriß.
Während ein weichliches Leben in träger Muße wir führen,
  stehen in harter Schlacht türkische Krieger im Feld.
Während mit Hunden auf Hasen wir hetzen, mit Spießen den Damhirsch
  treffen, bringt sein Soldat Länder und Reiche zu Fall.
Kurz: wir spielen mit Waffen, wobei kein Blut wir vergießen,
  aber mit mächtiger Hand führet *er* wirklichen Krieg.
Edle Germania, sei nun bedacht auf eigene Rettung,
  zwinge zu eilender Flucht Geten, mit Köchern bewehrt.
Deine Städte errette du selbst aus dem Rachen des Todes,
  schütze im Kampfe den Ruhm, welcher das Reich einst geziert.
Wähnst du dich sicher und schmetterst du nicht zu Boden die Feinde,
  wirst du zu Tode wund sein nach verlorenem Kampf.

Die Elegie – Bezeichnung für ein Gedicht aus Verspaaren (Distichen) aus Hexameter und Pentameter – erschien seit 1538 in verschiedenen Sammlungen der *Poemata* von Sabinus. Hier abgedruckt nach der Ausgabe von 1544. Übersetzung von Harry C. Schnur. Das Gedicht gehört zu den zahlreichen zeitgenössischen Texten, die die Türkenkriege thematisieren (Belagerung Wiens 1529). Verbunden damit ist auch die Erinnerung an die einstige Größe des Reiches und die Klage über Verfall und Verweichlichung, Reflexe des durch die Tacitus-Rezeption ausgelösten Germania-Mythos sowie der bei Tacitus ebenfalls erwähnten negativen Aspekte der germanischen Kultur. Druckausgaben der im Kloster Fulda wiederentdeckten *Germania* des Tacitus erschienen seit 1470.

Elegia XII: die 12. Elegie des dritten Buches; andere Zählung in den *Poemata* 1538. • *Hunnen … Vindelicergebiete … Otto der Große:* Sieg über die Ungarn 955 in der Schlacht auf dem Lechfeld; Siedlungsraum der keltischen *Vindelici* war das Voralpengebiet. • *Friederich:* Kreuzzug Kaiser Friedrichs II., der 1229 in der (durch Vertrag vereinbarten) Einnahme Jerusalems gipfelte. • *Geten:* zum thrakischen Volk gehörender Stammesverband im Norden der unteren Donau, den antike Schriftsteller als kriegerisch und todesverachtend charakterisieren.

Germania degenerans

Quid sibi uult quam cernis anus macilenta tremensque,
Cœca oculos, vultum pallida, cana comas,
Ferali ingluuie ptisanam quæ sorbet, vt ægrum,
Quod Libitina vocat postuma, corpus alat.
Hæc illa est veteri amißo Germania flore,
Elumbis macie, turpis, inermis, iners.
Nulla pericla videns, quamuis sint proxima, quamuis
Omnia perniciem mox ruitura trahant.
Luxuriæ interea indulget Bacchoque gulæque,
Fortiter vt reliquæ dilapidentur opes.
O miseram patriæ faciem! ô miseranda, veternum
Aufferet ex oculis quæ medicina tuis?

Germania entartet

Was soll dies ältliche Weib, das du siehst, ganz mager
und zitternd?
Stier ist ihr Aug, ihr Gesicht bleich, und ergraut ist ihr Haar.
Schlingt mit viehischer Gier ihren Brei, den Leib zu ernähren,
welcher so siech ist, daß ihn schon hat gezeichnet der Tod.
Ach, Germania ist es, der einstigen Blüte verlustig,
lendenlahm, zaundürr, schmutzig, ohn Waffen, und träg.
Kann die Fährnis nicht sehn, ob sie gleich schon dräut aus
der Nähe,
ob ihr gleich plötzlicher Sturz steht und Verderben bevor.
Doch sie ergibt sich indessen der Wollust, dem Saufen und
Fressen,
daß damit sie recht brav durchbringe, was sie noch hat.
Vaterland, ach! Welch erbärmlich Gesicht, du Arme! Und gibt es
wohl Medizin, die solch schlaffe Vergreisung dir nimmt?

ANDREAS GRYPHIUS

Threnen des Vatterlandes / Anno 1636

Wir sindt doch nuhmer gantz / ja mehr den gantz verheret!
Der frechen võlcker schaar / die rasende posaun
Das vom blutt fette schwerdt / die donnernde Carthaun
Hatt aller schweis / vnd fleis / vnd vorraht auff gezehret.
Die tũrme stehn in glutt / die Kirch ist vmbgekehret.
Das Rahthaus ligt im graus / die starcken sind zerhawn.
Die Jungfrawn sindt geschãndt / vnd wo wir hin nur schawn
Ist fewer / pest / vnd todt der hertz vndt geist durchfehret.
Hier durch die schantz vnd Stadt / rint alzeit frisches blutt.
Dreymall sindt schon sechs jahr als vnser strõme flutt
Von so viel leichen schwer / sich langsam fortgedrungen.
Doch schweig ich noch von dem was ãrger als der todt.
Was grimmer den die pest / vndt glutt vndt hungers noth
Das nun der Selen schatz / so vielen abgezwungen.

Die erste Fassung des Sonetts erschien 1637 in den sogenannten *Lissaer Sonetten* unter dem Titel »Trawrklage des verwüsteten Deutschlandes« unter dem Eindruck der Verheerungen des Dreißigjährigen Krieges. Seit der Ausgabe der *Sonnete. Das erste Buch* (1643) trägt das nun umgearbeitete Gedicht den Titel »Threnen des Vatterlandes / Anno 1636« (in späteren Drucken mit leicht veränderter Orthographie und kleineren Textvarianten).

frechen: »frech« vielleicht noch in der älteren Bedeutung ›kühn‹. • *võlcker schar:* Heerscharen. • *rasende posaun:* Bild aus der biblischen Apokalypse. • *Carthaun:* Geschütz. • *Selen schatz:* Anspielung auf erzwungenen Glaubenswechsel.

GEORG RODOLF WECKHERLIN

Sonnet
An das Teutschland

Zerbrich das schwere Joch / darunder du gebunden /
O Teutschland / wach doch auff / faß wider einen muht /
Gebrauch dein altes herz / vnd widersteh der wuht
Die dich / vnd die Freyheit durch dich selbs vberwunden.

Straff nu die Tyranney / die dich schier gar geschunden /
Vnd loͤsch doch endlich auß die (dich verzoͤhrend) glut /
Nicht mit dein aignem schwaiß / sondern dem boͤsen blut
Fliessend auß deiner feind vnnd falschen bruͤder wunden.
Verlassend dich auff Got / folg denen Fuͤrsten nach /
Die sein gerechte hand will (so du wilt) bewahren /
Zu der getrewen trost / zu der trewlosen raach:
So laß nu alle forcht / vnd nicht die zeit hinfahren /
Vnd Got wird aller welt / daß nichts dan schand vnd schmach
Des feinds meynaid vnd stoltz gezeuget / offenbahren.

Freyheit durch dich selbs vberwunden: Deutschland hat seine alte Stärke durch innere Zwietracht verspielt und damit die Unterwerfung unter die »Tyranney« des Kaisers, der Katholischen Liga (»falschen Bruͤder«) und ausländischer Mächte ermöglicht. Die Freiheit, die das militante Gedicht meint, ist die der protestantischen Reichsstände. • *verzoͤhrend:* verzehrend. • *folg denen Fuͤrsten nach:* den protestantischen Fürsten und ihren Verbündeten. • *nichts dan:* nichts als.

WENCEL SCHERFFER VON SCHERFFENSTEIN

Teutschland

Wer hett' / ô Teutschland dich erlegt und uͤberwunden /
wenn Du zum meisten Dich nicht selbst dabey befunden
so lange man gewuͤrgt / so lange man gesiegt /
so hast Du stets durch Dich / Dich selber auch bekriegt.

FRIEDRICH VON LOGAU

Teutschland / versetzt: / Scheulandt

Ein *Scheuland* bist du jetzt / O liebes *Teutschland,* worden
Durch Zorn / Neid / Krieg / Gewalt / durch rauben vnd durch morden;
Ein jeder *scheut* sich nun in dich zu bauen ein /
Weil mehr kein Mensch in dir / nur lauter Teuffel seyn.

in dich zu bauen ein: hier zu wohnen.

Deutschland

Deutschland / bey der alten Zeit
War ein Stand der Redligkeit;
Ist jetzt worden ein Gemach /
Drinnen Laster / Schand vnd Schmach
Was auch sonsten auß- man fegt /
Andre Völcker abgelegt.

HANS ASSMANN VON ABSCHATZ

Eisen-Hüttel

Nun ist es Zeit zu wachen
Eh Deutschlands Freyheit stirbt /
Und in dem weiten Rachen
Des Crocodils verdirbt.
Herbey / daß man die Krötten /
Die unsern Rhein betretten /
Mit aller Macht zurücke
Zur Son und Seine schicke.

Der Feind braucht Gold und Eisen
Wendt Stahl und Silber an /
Der deutschen Welt zu weisen /
Was List und Hochmutt kan;
Last euch das Geld in Händen
Die Augen nicht verblenden /
Damit euch hinterm Rücken
Die Fässel nicht bestricken.

Lasst Lerch und Falcken fliegen /
Sezt alle Kräffte bey /
Mit ihnen zu besiegen
Des Hahnes Pralerey.
Er prangt mit euren Federn /
Drum müsst ihr ihn entädern /

Und ieder sich bemuͤhen
Das Seine weg zu ziehen.

Wollt ihr euch unterwinden
Zu thun was sich gebuͤhrt /
Ein Hermann wird sich finden /
Der euch an Reihen fuͤhrt.
Lasst euch verstellten Frieden
Zum Schlaffe nicht ermuͤden:
Mit *Wachen* und mit *Wagen*
Muß man die Ruh erjagen.

Eisen-Huͤttel: Eisenhut, Helm; Kaspar Stieler, *Der Deutschen Sprache Stammbaum und Fortwachs / oder Teutscher Sprachschatz* (1691; reprogr. Nachdr. 1968), Tl. 1, Sp. 870, gibt als lateinisches Äquivalent *galea.* »Eisenhütlein« bezeichnet zugleich ein Pelzwerk, dessen Form in der Heraldik verwendet wurde. • *Rachen des Crocodils:* bezieht sich auf die französische Expansionspolitik unter Ludwig XIV., die nach dem Französisch-holländischen Krieg (1672–79) und den ›Reunionen‹ der folgenden Jahre (u.a. Unterwerfung der Freien Reichsstadt Straßburg 1681) mit dem Pfälzischen Krieg (1688–97) fortgesetzt wurde und zu systematischen Verwüstungen rechts- und linksrheinischer Gebiete führte. • *Son:* Saône.

JOHANN PETER UZ

Das bedrängte Deutschland

Wie lang zerfleischt mit eigner Hand
Germanien sein Eingeweide?
Besiegt ein unbesiegtes Land
Sich selbst und seinen Ruhm, zu schlauer Feinde Freude?

Sind, wo die Donau, wo der Main
Voll fauler Leichen langsam fließet;
Wo um den rebenreichen Rhein
Sonst Bacchus fröhlich ging, und sich die Elb' ergießet:

Sind nicht die Spuren unsrer Wut
Auf jeder Flur, an jedem Strande?

Wo strömte nicht das deutsche Blut?
Und nicht zu Deutschlands Ruhm: Nein! meistens ihm zur Schande!

Wem ist nicht Deutschland untertan!
Es wimmelt stets von zwanzig Heeren:
Verwüstung zeichnet ihre Bahn;
Und was die Armut spart, hilft Übermut verzehren.

Vor ihnen her entflieht die Lust;
Und in den Büschen öder Auen,
Wo vormals an geliebter Brust
Der satte Landmann sang, herrscht Einsamkeit und Grauen.

Der Adler sieht entschlafen zu,
Und bleibt, bei ganzer Länder Schreien,
Stets unerzürnt in träger Ruh,
Entwaffnet und gezähmt von falschen Schmeicheleien.

O Schande! sind wir euch verwandt,
Ihr Deutschen jener bessern Zeiten,
Die feiger Knechtschaft eisern Band
Mehr, als den härtsten Tod, im Arm der Freiheit, scheuten?

Wir, die uns kranker Wollust weihn,
Geschwächt vom Gifte weicher Sitten;
Wir wollen deren Enkel sein,
Die, rauh, doch furchtbarfrei, für ihre Wälder stritten?

Die Wälder, wo ihr Ruhm noch itzt
Um die bemoosten Eichen schwebet,
Wo, als ihr Stahl vereint geblitzt,
Ihr ehrner Arm gesiegt und Latium gebebet?

Wir schlafen, da die Zwietracht wacht,
Und ihre bleiche Fackel schwinget,
Und, seit sie uns den Krieg gebracht,
Ihm stets zur Seite schleicht, von Furien umringet.

Ihr Natternheer zischt uns ums Ohr,
Die deutschen Herzen zu vergiften;
Und wird, kommt ihr kein Hermann vor,
In Hermanns Vaterland ein schmählig Denkmal stiften.

Doch mein Gesang wagt allzuviel!
O Muse! fleuch zu diesen Zeiten
Alkäens kriegrisch Saitenspiel,
Das die Tyrannen schalt; und scherz auf sanftern Saiten!

Wie lang zerfleischt mit eigner Hand: Das alte Thema der deutschen Zwietracht hatte durch die von Friedrich II. von Preußen ausgelösten Schlesischen Kriege (1740–45) mit Österreich neue Aktualität gewonnen, zumal sich die Auseinandersetzungen zu einem gesamteuropäischen Krieg um die österreichische Erbfolge ausweiteten (bis 1748). Das Gedicht entstand 1749. • *Adler:* Symbol des Kaisers bzw. Reiches. • *Hermann:* Hermann der Cherusker (Arminius), Anführer der Germanen in der siegreichen Schlacht gegen die Römer im Teutoburger Wald (9 n.Chr.). • *Alkäens kriegrisch Saitenspiel … scherz auf sanftern Saiten:* Der Anakreontiker Uz beendet seinen Ausflug in die politische Lyrik, wie sie auch der griechische Lyriker Alkaios (um 600 v. Chr.) gepflegt hatte, und kehrt zur »sanftern« Poesie im Stil des Anakreon (Mitte des 6. Jh.s v.Chr.) zurück.

FRIEDRICH GOTTLIEB KLOPSTOCK

Mein Vaterland

So schweigt der Jüngling lang,
Dem wenige Lenze verwelkten,
Und der dem silberhaarigen tatenumgebenen Greise,
Wie sehr er ihn liebe! das Flammenwort hinströmen will.

Ungestüm fährt er auf um Mitternacht,
Glühend ist seine Seele!
Die Flügel der Morgenröte wehen, er eilt
Zu dem Greis', und saget es nicht.

So schwieg auch ich. Mit ihrem eisernen Arm
Winkte mir stets die strenge Bescheidenheit!

Die Flügel wehten, die Laute schimmerte,
Und begann von selber zu tönen, allein mir bebte die Hand.

Ich halt es länger nicht aus! Ich muss die Laute nehmen,
Fliegen den kühnen Flug!
Reden, kann es nicht mehr verschweigen,
Was in der Seele mir glüht.

O schone mein! dir ist dein Haupt umkränzt
Mit tausendjährigem Ruhm! du hebst den Tritt der Unsterblichen,
Und gehest hoch vor vielen Landen her!
O schone mein! Ich liebe dich, mein Vaterland!

Ach sie sinkt mir, ich hab' es gewagt!
Es bebt mir die Hand die Saiten herunter;
Schone, schone! Wie wehet dein heiliger Kranz,
Wie gehst du den Gang der Unsterblichen daher.

Ich seh ein sanftes Lächeln,
Das schnell das Herz mir entlastet;
Ich sing es mit dankendem Freudenruf dem Widerhall,
Dass dieses Lächeln mir ward!

Früh hab ich dir mich geweiht! Schon da mein Herz
Den ersten Schlag der Ehrbegierde schlug,
Erkor ich, unter den Lanzen und Harnischen
Heinrich, deinen Befreier, zu singen.

Allein ich sah die höhere Bahn,
Und, entflammt von mehr, denn nur Ehrbegier,
Zog ich weit sie vor. Sie führet hinauf
Zu dem Vaterlande des Menschengeschlechts!

Noch geh ich sie, und wenn ich auf ihr
Des Sterblichen Bürden erliege;
So wend' ich mich seitwärts, und nehme des Barden Telyn,
Und sing, o Vaterland, dich dir!

Du pflanzetest dem, der denket, und ihm, der handelt!
Weit schattet, und kühl dein Hain,
Steht, und spottet des Sturmes der Zeit,
Spottet der Büsch um sich her!

Wen scharfer Blick, und die tanzende glückliche Stunde führt,
Der bricht in deinem Schatten, kein Märchen sie,
Die Zauberrute, die, nach dem helleren Golde,
Dem neuen Gedanken, zuckt.

Oft nahm deiner jungen Bäume das Reich an der Rhone,
Oft das Land an der Thems' in die dünneren Wälder.
Warum sollten sie nicht? Es schießen ja bald
Andere Stämme dir auf!

Und dann so gehörten sie ja dir an. Du sandtest
Deiner Krieger hin. Da klangen die Waffen! da ertönte
Schnell ihr Ausspruch: Die Gallier heißen Franken!
Engelländer die Briten!

Lauter noch ließest du die Waffen klingen. Die hohe Rom
Ward zum kriegerischen Stolz schon von der Wölfin gesäugt;
Lange war sie Welttyrannin! Du stürzetest,
Mein Vaterland, die hohe Rom in ihr Blut!

Nie war, gegen das Ausland,
Ein anderes Land gerecht, wie du!
Sei nicht allzugerecht. Sie denken nicht edel genung,
Zu sehen, wie schön dein Fehler ist!

Einfältiger Sitte bist du, und weise,
Bist ernstes tieferes Geistes. Kraft ist dein Wort,
Entscheidung dein Schwert. Doch wandelst du gern es in die Sichel, und triefst,
Wohl dir! von dem Blute nicht der andern Welten!

Mir winket ihr eiserner Arm! Ich schweige
Bis etwa sie wieder schlummert;
Und sinne dem edlen schreckenden Gedanken nach,
Deiner wert zu sein, mein Vaterland.

Heinrich: Klopstock hatte in seiner Jugend ein Epos über König Heinrich I. geplant, der als Gründer des Deutschen Reiches gilt (reg. 919–936). • *höhere Bahn:* das christliche Epos. • *Vaterlande des Menschengeschlechts:* die christliche Religion. • *Telyn:* nach Klopstock Leier der Barden, der keltischen Berufssänger des Mittelalters. Bei der patriotisch gestimmten Rückwendung zur germanischen oder altdeutschen Vergangenheit durch Klopstock und die Dichter des Göttinger Hains wurde nicht zwischen Germanen und Kelten unterschieden. • *Hain:* Bardenhain, Sinnbild für die deutsche Poesie. • *Zauberrute:* Wünschelrute. • *Rhone … Thems':* Anspielung auf die germanische bzw. fränkische Einwanderung nach Gallien und die angelsächsische nach England. • *Die hohe Rom:* die Stadtgöttin Roma. • *von der Wölfin gesäugt:* Anspielung auf Romulus und Remus und den Gründungsmythos von Rom. • *Sei nicht allzugerecht:* Plädoyer für mehr Eigenständigkeit. • *Blute der andern Welten:* bezieht sich kritisch auf die europäischen Kolonialmächte. • *ihr eiserner Arm:* siehe dritte Strophe.

Vaterlandslied

Zum Singen für Johanna Elisabeth von Winthem

Ich bin ein deutsches Mädchen!
Mein Aug' ist blau, und sanft mein Blick,
Ich hab ein Herz,
Das edel ist, und stolz, und gut.

Ich bin ein deutsches Mädchen!
Zorn blickt mein blaues Aug' auf den,
Es hasst mein Herz
Den, der sein Vaterland verkennt!

Ich bin ein deutsches Mädchen!
Erköre mir kein ander Land
Zum Vaterland,
Wär mir auch frei die große Wahl!

Ich bin ein deutsches Mädchen!
Mein hohes Auge blickt auch Spott,
Blickt Spott auf den,
Der Säumens macht bei dieser Wahl.

Du bist kein deutscher Jüngling!
Bist dieses lauen Säumens wert,
Des Vaterlands
Nicht wert, wenn du's nicht liebst, wie ich!

Du bist kein deutscher Jüngling!
Mein ganzes Herz verachtet dich,
Der's Vaterland
Verkennt, dich Fremdling! und dich Tor!

Ich bin ein deutsches Mädchen!
Mein gutes, edles, stolzes Herz
Schlägt laut empor
Beim süßen Namen: Vaterland!

So schlägt mirs einst beim Namen
Des Jünglings nur, der stolz wie ich
Aufs Vaterland,
Gut, edel ist, ein Deutscher ist!

Johanna Elisabeth von Winthem: 1747–1821, Nichte von Klopstocks Frau Meta Moller (1723–1758). Klopstock heiratete sie 1791.

LUDWIG CHRISTOPH HEINRICH HÖLTY

Bundsgesang

im Septemb. 1772

Habt Gottes Segen! Vaterland, Vaterland
Tönt jede Lippe, Vaterland, Vaterland,
Brennt jeder Busen, Brüderherzen
Flammen entgegen den Brüderherzen.

Ihr kniet nieder, schwöret dem Laster Hohn,
Den Schändern eurer Fluren, die Galliens,
Und jedes Auslands Kette schleppen,
Schwöret ihr Hohn, und der Tugend Huldung.

Habt Gottes Segen! Wohl mir! ihr winket mich
In eure Weihe; windet den Eichenkranz
Um meinen Schlaf, um meine Harfe,
Gebt mir den Handschlag der deutschen Treue.

Noch einen Rundkuss, Brüder, bevor mein Eid
Dem Vaterlande huldet, und Tugend dir,
  Noch einen Handschlag vor den Augen
    Gottes, der unsichtbar um uns wandelt.

Durch alle Sterne hallt er! Eloa schaut
Von seinem Throne nieder, und segnet uns,
  Die Geister unsrer Väter schweben
    Lichthell und säuselnd um unsre Häupter.

Seid Zeugen, Geister, Zeugen des Tugendschwurs!
Mein Spiel verstumme flugs, mein Gedächtnis sei
  Ein Brandmal, und mein Name Schande,
    Falls ich euch, Brüder, nicht zärtlich liebe.

Kein blaues Auge weine die Blumen nass,
Die meinen Totenhügel beduften, falls
  Ich Lieder töne, welche Deutschland
    Schänden, und Laster und Wollust hauchen.

Der Enkel stampfe zornig auf meine Gruft,
Wenn meine Lieder Gift in das weiche Herz
  Des Mädchens träuflen, und verfluche
    Meinen zerstäubenden kalten Moder.

Die Mondnacht leuchtet hehrer, die Eiche rauscht
Gefühltres Grauen. – Nimm mich in deinen Arm,
  Mein Miller, dass die Seelenschauer
    Sich in Entzückung der Freundschaft wandeln.

Dem im September 1772 von Göttinger Studenten gegründeten Dichterbund, dem Göttinger Hain, gehörten u.a. Johann Heinrich Voß, Christian und Friedrich Leopold zu Stolberg, Johann Martin Miller, Hölty und Gottfried August Bürger an; jeder der Freunde sollte »Gedichte auf diesen Abend [der Gründung] machen, und ihn jährlich begehn« (Johann Heinrich Voß, *Briefe*, hrsg. von Abraham Voß, Bd. 1, Halberstadt 1829, S. 92).

Schlaf: Schläfe. • *Eloa:* Eloah/Elohim: Gottesbezeichnung. • *Miller:* Johann Martin Miller (1750–1814), oben erwähntes Mitglied des Hainbunds.

FRIEDRICH LEOPOLD GRAF ZU STOLBERG

Mein Vaterland, an Klopstock

Das Herz gebeut mir! siehe, schon schwebt,
Voll Vaterlandes, stolz mein Gesang!
  Stürmender schwingen sich Adler
  Nicht, und Schwäne nicht tönender!

An fernem Ufer rauschet sein Flug!
Des staunt der Belt und zürnet und hebt
  Donnernde, schäumende Wogen;
  Denn ich singe mein Vaterland!

Ich achte nicht der scheltenden Flut,
Der tiefen nicht, der türmenden nicht,
  Mitten im kreisenden Strudel
  Sänge Stolberg sein Vaterland!

O Land der alten Treue! voll Muts
Sind deine Männer! sanft und gerecht!
  Rosig die Mädchen und sittsam!
  Blitze Gottes die Jünglinge!

In deinen Hütten sichert die Zucht
Den Bund der Ehe; rein ist das Bett
  Zärtlicher Gatten, und fruchtbar
  Ihre keuschen Umarmungen.

Vom Segen Gottes triefet dein Tal,
Und Freude reift am Rebengebirg;
  Singenden Schnittern entgegen
  Rauscht die wankende Halmensaat.

Kolumbia, du weintest, gehüllt
In Trauerschleier, über den Fluch
  Welchen der lachende Mörder
  Öden Fluren zum Erbe ließ;

Da sandte Deutschland Segen und Volk:
Der Schoß der Jammererde gebar,
  Staunte der schwellenden Ähren,
  Und der schaffenden Fremdlinge!

Nach fernem Golde dürstete nie
Der Deutsche; Sklaven fesselt' er nicht!
  Immer der Schild des Verfolgten
  Und des Drängenden Untergang!

Ich bin ein Deutscher! (Stürzet herab
Der Freude Tränen, dass ich es bin!)
  Fühlte die erbliche Tugend
  In den Jahren des Kindes schon.

Von dir entfernet weih' ich mich dir,
Mit jedem Wunsche, heiliges Land!
  Grüße den südlichen Himmel
  Oft, und seufze der Heimat zu!

Auch greifet oft mein nerviger Arm
Zur linken Hüfte; manches Phantom
  Blutiger Schlachten umflattert
  Dann die Seele des Sehnenden.

Ich höre schon der Reisigen Huf,
Und Kriegsdrommete! sehe mich schon,
  Liegend im blutigen Staube,
  Rühmlich sterben fürs Vaterland!

Kolumbia: Amerika. Anschließend kontrastiert das Gedicht die gewaltsame Kolonisierung der Neuen Welt und die Aufbauleistung der deutschen Siedler. • *Reisigen:* berittenen Soldaten. • *Kriegsdrommete:* Kriegstrompete.

O Freiheit, Freiheit, Gottes Schoß entstiegen,
Du aller Wesen seligstes Vergnügen,
An tausendfachen Wonnen reich,
Machst du die Menschen – Göttern gleich.

Wo find' ich dich, wo hast du deine Halle?
Damit auch ich anbetend niederfalle;
Dann ewig glücklich – ewig frei
Ein Priester deines Tempels sei.

Einst walltest du so gern in Deutschlands Hainen,
Und ließest dich vom Mondenlicht bescheinen,
Und unter Wodanseichen war
Dein unentweihtester Altar.

Es sonnte Hermann sich in deinem Glanze,
An deine Eiche lehnt er seine Lanze,
Und ach, mit mütterlicher Lust,
Drückst du den Deutschen an die Brust.

Bald aber scheuchten Fürsten deinen Frieden,
Und Pfaffen, die so gerne Fesseln schmieden;
Da wandtest du dein Angesicht,
Wo Fesseln rasseln, bist du nicht.

Dann flogst du zu den Schweizern, zu den Briten;
Warst seltner in Palästen, als in Hütten:
Auch bautest du ein leichtes Zelt
Dir in Kolumbus neuer Welt.

Und endlich, allen Völkern zum Erstaunen,
Als hätt' auch eine Göttin ihre Launen,
Hast du dein Angesicht – verklärt
Zu frohen Galliern gekehrt.

Das in Schubarts *Vaterlandschronik von 1789* zuerst gedruckte Gedicht schließt an einen Absatz der Chronik an, der in Frankreich »jetzt eine neue Periode« der Geschichte konstatiert, um dann zu dem Gedicht überzuleiten: »Wenn ich von Freiheit spreche; so wird meine Rede Gesang« (S. 471).

Wodanseichen: Berufungen auf Wotan (und die deutsche Eiche) gehören zu den Versatzstücken der germanisierenden Deutschenideologie, allerdings nicht immer in dieser idyllischen Form.

FRIEDRICH GOTTLIEB KLOPSTOCK

Sie, und nicht wir

An La Rochefoucauld

Hätt' ich hundert Stimmen; ich feierte Galliens Freiheit
  Nicht mit erreichendem Ton, sänge die göttliche schwach.
Was vollbringet sie nicht! So gar das grässlichste aller
  Ungeheuer, der Krieg, wird an die Kette gelegt!
Cerberus hat drei Rachen; der Krieg hat tausend: und dennoch
  Heulen sie alle durch dich, Göttin, am Fesselgeklirr.
Ach mein Vaterland! Viel sind der Schmerzen; doch lindert
  Sie die heilende Zeit, und sie bluten nicht mehr.
Aber es ist Ein Schmerz, den sie nie mir lindert! und kehrte
  Mir das Leben zurück; dennoch blutet' er fort!
Ach du warest es nicht, mein Vaterland, das der Freiheit
  Gipfel erstieg, Beispiel strahlte den Völkern umher:
Frankreich wars! du labtest dich nicht an der frohsten der Ehren,
  Brachest den heiligen Zweig dieser Unsterblichkeit nicht!
O ich weiß es, du fühlest, was dir nicht wurde; die Palme,
  Aber die du nicht trägst, grünet so schön, wie sie ist,
Deinem kennenden Blick. Denn ihr gleicht, ihr gleichet die Palme,
  Welche du dir brachst, als du die Religion
Reinigtest, sie, die entweiht Despoten hatten, von neuem
  Weihtest, Despoten voll Sucht Seelen zu fesseln! voll Blut,
Welches sie strömen ließen, so bald der Beherrschte nicht glaubte,
  Was ihr taumelnder Wahn ihm zu glauben gebot.
Wenn durch dich, mein Vaterland, der beschornen Despoten
  Joch nicht zerbrach; so zerbrach das der gekrönten itzt nicht.

Könnt' ein Trost mich trösten; er wäre, dass du voranginst
Auf der erhabenen Bahn! aber er tröstet mich nicht.
Denn du warest es nicht, das auch von dem Staube des Bürgers
Freiheit erhob, Beispiel strahlte den Völkern umher;
Denen nicht nur, die Europa gebar. An Amerikas Strömen
Flammt schon eigenes Licht, leuchtet den Völkern umher.
Hier auch winkte mir Trost, er war: In Amerika leuchten
Deutsche zugleich umher! aber er tröstete nicht.

La Rochefoucauld: François Alexandre, Herzog von La Rochefoucauld (1747–1827) unterstützte zunächst die Revolution; 1792 ging er ins Exil. Klopstock hatte ihn in Kopenhagen kennengelernt. • *der Krieg, wird an die Kette gelegt:* bezieht sich auf den Beschluss der französischen Nationalversammlung von 1790, in Zukunft auf Eroberungskriege zu verzichten. • *die Religion / Reinigtest:* Anspielung auf die Reformation. • *Palme:* Siegeszeichen. • *der beschornen Despoten:* der Mönche, der katholischen Kirche. • *dass du voranginst:* die Reformation gleichsam als Vorläufer der Französischen Revolution. • *In Amerika leuchten / Deutsche:* Anspielung auf den Beitrag deutscher Auswanderer zur amerikanischen Unabhängigkeitsbewegung und zur Staatsgründung.

GOTTFRIED AUGUST BÜRGER

Für wen, du gutes deutsches Volk
Behängt man dich mit Waffen?
Für wen lässt du von Weib und Kind
Und Herd hinweg dich raffen?
Für Fürsten- und für Adelsbrut,
Und fürs Geschmeiß der Pfaffen.

War's nicht genug, ihr Sklavenjoch
Mit stillem Sinn zu tragen?
Für sie im Schweiß des Angesichts
Mit Fronen dich zu plagen?
Für ihre Geißel sollst du nun
Auch Blut und Leben wagen?

Sie nennen's Streit fürs Vaterland,
In welchen sie dich treiben.
O Volk, wie lange wirst du blind

Beim Spiel der Gaukler bleiben?
Sie selber sind das Vaterland,
Und wollen gern bekleiben.

Was ging uns Frankreichs Wesen an,
Die wir in Deutschland wohnen?
Es mochte dort nun ein Bourbon,
Ein Ohnehose thronen.
– – – – – – – – – – – – –
– – – – – – – – – – – – –

Das erst 1875 veröffentlichte Fragment entstand im Sommer 1793 und reagiert wie das folgende Lied auf den sog. Ersten Koalitionskrieg (seit 1792) gegen Frankreich.

bekleiben: Wurzel fassen, gedeihen. • *Ohnehose:* Sansculotte; zunächst spöttische Bezeichnung für die Anhänger der Französischen Revolution aus den unteren Schichten (Arbeiter, Handwerker, Kleinbürger), die im Unterschied zu den bei Adel und Klerus üblichen Kniebundhosen (*culottes*) einfache lange Hosen trugen.

ANONYM

Kriegslied der Deutschen

Mel. Marsch der Marseiller

1

Kommt, deutsche Männer, eilt zum Kriege
Und führet den Frieden herbei.
Seht, die kecken Franken am Rheine
Treibt der Freiheitstaumel zu weit. (bis)
Nicht bloß zum Streit tönen Gesänge,
Zum Lobe der Freiheit viel mehr,
Und so verwildert deutsches Volk
Unbekannt mit ihren Gesetzen.
Auf, Deutsche, rüstet euch! Zur Heerschar eilet hin!
Seid brav, seid brav! Treibt bald zurück der Franken keckes Heer.

Chor

Wohlan, wohlan, es weich' zurück der Franken keckes Heer.

2

Doch schmähet nicht die edle Freiheit,
  Sie stammt vom Himmel herab.
Zu dem Licht gebildete Völker
  Schätzen hoch den *innren* Wert. (bis)
Nur mit Gewalt Freiheit erzwingen
  Sei fern von dem klügeren Volk.
Verschwendet werden Gut und Blut
  Und wer bürgt Erfüllung der Wünsche?
Auf, Deutsche, rüstet euch! Zur Heerschar eilet hin!
Seid brav, seid brav! Treibt bald zurück der Franken keckes Heer.

Chor

Wohlan, wohlan, es weich' zurück der Franken keckes Heer.

3

Denkt, wie das Volk der Franken leidet
  Im Kampfe für Freiheit und Recht.
Fremde Mächte drohen Vernichtung
  Und Parteigeist schwächet die Kraft. (bis)
Doch für *das* Volk sprechen die Rechte,
  Es lebte gedrückt und gebeugt.
Durch Stolz und Not ward es gereizt
  Gut und Blut zu wagen für Freiheit.
Auf, Deutsche, rüstet euch! Zur Heerschar eilet hin!
Seid brav, seid brav! Treibt bald zurück der Franken keckes Heer.

Chor

Wohlan, wohlan, es weich' zurück der Franken keckes Heer.

4

Drum, Deutsche, seyd als Krieger menschlich,
  Euch schände nicht Greuel und Wut.
Folgt mit Schonung weichenden Heeren.
  Nur zum Frieden diene der Krieg. (bis)
Fern sei der Geist schnöder Erobrung,
  Er nähret die Flamme des Kriegs.
Ein Friede schlicht' den *bösen Streit*
  Und die Welt rühm' Deutsche und Franken.

Auf, Deutsche, rüstet euch! Zur Heerschar eilet hin!
Seid brav, seid brav! Treibt bald zurück der Franken keckes Heer.

Chor

Wohlan, wohlan, es weich' zurück der Franken keckes Heer.

5

Dann kehret heim als edle Deutsche:
  Gönnt Franken ein besseres Los.
Hört und leset ihre Gesetze
  Mit der Prüfung kälteren Bluts. (bis)
Zeigt das Gefühl männlicher Reife,
  Zeigt Liebe zu Ordnung und Ruh.
Dann sammlen sich zum Freiheitsbau
  Groß' und Klein' und bieten die Hände.
Auf, Deutsche, rüstet euch! Zur Heerschar eilet hin!
Seid brav, seid brav! Treibt bald zurück der Franken keckes Heer.

Chor

Wohlan, wohlan, es weich' zurück der Franken keckes Heer.

6

So, deutsche Männer, denkt und strebet,
  Kein Schwindelgeist störe die Ruh.
Auf zum Himmel flehet um Weisheit
  Wenn ihr forscht nach Wahrheit und Licht. (bis)
Dann, Deutsche, hofft – Freiheit wird kommen
  Zum Glück aller Völker der Welt.
Und so verstumm' der Kriegsgesang
  Und der Ruf zum Streit mit den Franken:
Auf, Deutsche, rüstet euch! Zur Heerschar eilet hin!
Seid brav, seid brav! Treibt bald zurück der Franken keckes Heer.

Chor

Wohlan, wohlan, es weich' zurück der Franken keckes Heer.

Marsch der Marseiller: Marseillaise. • *bis:* zweimal, Wiederholung. • *verwildert:* wild macht.

FRIEDRICH SCHILLER

Deutschland und seine Fürsten

Große Monarchen erzeugtest du, und bist ihrer würdig,
Den Gebietenden macht nur der Gehorchende groß.
Aber versuch es, o Deutschland, und mach' es deinen
Beherrschern
Schwerer, als Könige groß, leichter, nur Menschen zu sein!

JOHANN WOLFGANG GOETHE
FRIEDRICH SCHILLER

Das deutsche Reich

Deutschland? aber wo liegt es? Ich weiß das Land nicht zu finden,
Wo das gelehrte beginnt, hört das politische auf.

Deutscher Nationalcharakter

Zur *Nation* euch zu bilden, ihr hoffet es, Deutsche, vergebens;
Bildet, ihr könnt es, dafür freier zu Menschen euch aus.

ANONYM

Deutsches Freiheitslied

Auf! für Freiheit, Vaterland!
Schwöret, Brüder! Hand in Hand!
Schwör't in eurem Herzen:
Keiner soll die stolze Pflicht,
Die so laut im Herzen spricht,
Keiner sie verscherzen.

Sind wir den Gesetzen treu,
Sind wir glücklich, sind wir frei,
Größer als ein König;
Wer die Tugend, Ordnung ehr't,
Ist der Bürgerkrone wert,
Wär' er noch so wenig.

Guten Fürsten geh' es wohl,
Wenn ihr Leben segenvoll,
All' ihr Tun und Wandeln;
Wenn sie sich des Guten freu'n,
Wahre Landesväter sein,
Und als solche handeln.

Doch der Fürst, wenn ihm Gewinn,
Habsucht und Despotensinn
In dem Busen lodern;
Wenn er Armen Gut verschlingt,
Und den Geist in Fesseln zwingt,
Soll vergehn und modern.

Wenn der Fürst das Land beglückt,
Seiner Schmeichler Brut erstickt,
Die den Thron umgeben;
Dem Verdienste Kränze flicht,
Als ein Landesvater spricht,
Soll er glücklich leben.

Doch der Fürst, der Bürger-Blut
Wenig achtet, Bürger-Gut
Sich bedient zum Raube;
Fort – herunter von dem Thron!
Nehmt ihm seine Fürstenkron',
Tretet sie im Staube!

Kein Despote soll nun mehr,
Soll mit seinem Sklavenheer
Unser Wohl verderben.
Auf! ihr Brüder! Hand in Hand
Schwör't, fürs deutsche Vaterland,
Schwöret: *frei* zu sterben!

FRIEDRICH HÖLDERLIN

Gesang des Deutschen

Vis consili expers mole ruit sua;
Vim temparatam Di quoque provehunt
In majus.
Horat.

O heilig Herz der Völker, o Vaterland!
Allduldend, gleich der schweigenden Mutter Erd',
Und allverkannt, wenn schon aus deiner
Tiefe die Fremden ihr Bestes haben!

Sie ernten den Gedanken, den Geist von dir,
Sie pflücken gern die Traube, doch höhnen sie,
Dich, ungestalte Rebe! dass du
Schwankend den Boden und wild umirrest.

Du Land des hohen ernsteren Genius!
Du Land der Liebe! bin ich der deine schon,
Oft zürnt' ich weinend, dass du immer
Blöde die eigene Seele leugnest.

Doch magst du manches Schöne nicht bergen mir;
Oft stand ich überschauend das holde Grün,
Den weiten Garten hoch in deinen
Lüften auf hellem Gebirg' und sah dich.

An deinen Strömen ging ich und dachte dich,
Indes die Töne schüchtern die Nachtigall
Auf schwanker Weide sang, und still auf
Dämmerndem Grunde die Welle weilte.

Und an den Ufern sah ich die Städte blühn,
Die Edlen, wo der Fleiß in der Werkstatt schweigt,
Die Wissenschaft, wo deine Sonne
Milde dem Künstler zum Ernste leuchtet.

Kennst du Minervas Kinder? sie wählten sich
Den Ölbaum früh zum Lieblinge; kennst du sie?
Noch lebt, noch waltet der Athener
Seele, die sinnende, still bei Menschen,

Wenn Platons frommer Garten auch schon nicht mehr
Am alten Strome grünt und der dürftge Mann
Die Heldenasche pflügt, und scheu der
Vogel der Nacht auf der Säule trauert.

O heilger Wald! o Attika! traf Er doch
Mit seinem furchtbarn Strahle dich auch, so bald,
Und eilten sie, die dich belebt, die
Flammen entbunden zum Äther über?

Doch, wie der Frühling, wandelt der Genius
Von Land zu Land. Und wir? ist denn Einer auch
Von unsern Jünglingen, der nicht ein
Ahnden, ein Rätsel der Brust, verschwiege?

Den deutschen Frauen danket! sie haben uns
Der Götterbilder freundlichen Geist bewahrt,
Und täglich sühnt der holde klare
Friede das böse Gewirre wieder.

Wo sind jetzt Dichter, denen der Gott es gab,
Wie unsern Alten, freudig und fromm zu sein,
Wo Weise, wie die unsre sind? die
Kalten und Kühnen, die Unbestechbarn!

Nun! sei gegrüßt in deinem Adel, mein Vaterland,
Mit neuem Namen, reifeste Frucht der Zeit!
Du letzte und du erste aller
Musen, Urania, sei gegrüßt mir!

Noch säumst und schweigst du, sinnest ein freudig Werk,
Das von dir zeuge, sinnest ein neu Gebild,
Das einzig, wie du selber, das aus
Liebe geboren und gut, wie du, sei –

Wo ist dein Delos, wo dein Olympia,
    Dass wir uns alle finden am höchsten Fest? –
        Doch wie errät der Sohn, was du den
            Deinen, Unsterbliche, längst bereitest?

Die 1799 entstandene Ode erschien zuerst 1846.

Vis consili ... majus: Horaz, *Carmina* 3,4,65–67: »Kraft ohne Einsicht stürzt durch eigene Wucht; / Kraft, die maßvoll bleibt, führen die Götter selbst / noch höher« (Übersetzung von Bernhard Kytzler). • *Blöde:* einfältig, schüchtern, schwächlich. • *Minervas Kinder:* die Athener; Minerva ist der römische Name für Pallas Athene, Schutzgöttin Athens und Göttin der Weisheit. • *Ölbaum:* Zeichen des Friedens. • *Platons frommer Garten:* Platons Akademie, ein Hain am »alten Strom« Kephisos. • *Vogel der Nacht:* die Eule, Pallas Athene geheiligt. • *Er:* gemeint ist der Gott des Schicksals. • *Urania:* die letzte Muse in der üblichen Reihenfolge, dem Rang nach die erste als Muse der Astronomie und damit der allumfassenden Harmonie. • *Delos:* Geburtsort Apollons; hier fand zu seinen Ehren jährlich ein Fest statt. • *Olympia:* Ort der 425 v. Chr. eingerichteten Olympischen Spiele, die wie die Verehrung Apollons an seinen Heiligtümern in Delos und Delphi für ein übergreifendes kulturelles Band angesichts der politischen Zersplitterung Griechenlands standen.

HEINRICH VON KLEIST

Germania an ihre Kinder

Die des Maines Regionen,
Die der Elbe heitre Au'n
Die der Donau Strand bewohnen,
Die das Odertal bebau'n,
Aus des Rheines Traubensitzen,
Von dem duft'gen Mittelmeer,
Von der Alpen Riesensitzen,
Von der Ost- und Nordsee her!

Chor

Horchet durch die Nacht ihr Brüder?
Welcher Donnerruf hernieder?
Wachst du auf Germania?
Ist der Tag der Rache da?

Deutsche! süßer Kinder Reigen,
Die mit Schmerz und Lust geküsst,
In den Schoß mir kletternd steigen,
Die mein Mutterarm umschließt,
Meines Busens Schutz und Schirmer,
Unbesiegtes Marsen Blut,
Enkel der Kohortenstürmer,
Römer Überwinder Brut!

Chor

Zu den Waffen, zu den Waffen!
Was die Hände blindlings raffen,
Mit der Keule, mit dem Stab
Eilt ins Tal der Schlacht hinab!

Wenn auf grauen Alpenhöhen,
Von des Frühlings heißen Küssen,
Siedend auf die Gletscher gehen,
Ihrem Felsenbett entrissen,
Katarakte stürmen nieder,
Fels und Wald folgt ihrer Bahn,
Das Gebirg hallt donnernd wieder,
Fluren sind ein Ozean.

Chor

So verlasst, voran der Kaiser,
Eure Hütten, Eure Häuser,
Schäumt ein Uferloses Meer,
Über diese Franken her!

Der Gewerbsmann, der den Hügeln
Mit der Fracht entgegen zeucht,
Der Gelehrte, der auf Flügeln,
Der Gestirne Raum erreicht,
Schweißbedeckt das Volk der Schnitter,
Das die Fluren nieder mäht,
Und von seinem Fels der Ritter,
Der – sein Cherub – auf ihm steht.

Chor

Wer, in nie gefühlten Wunden
Dieser Franken Hohn empfunden,

Brüder! jeder deutsche Mann
Schließe unserm Reih'n sich an.

Alle Triften, alle Städte,
Färbt mit ihren Knochen weiß,
Welchen Rab' und Fuchs verschmähte,
Gebet Ihn den Fischen Preis!
Dämmt den Rhein mit ihren Leichen,
Lasst gestaucht durch ihr Gebein,
Schäumend um die Pfalz ihn weichen,
Und ihn dann die Grenze sein.

Chor

Eine Treibjagd, wie wenn Schützen
Auf der Spur dem Wolfe sitzen, –
Schlagt ihn tot! – das Weltgericht
Fragt Euch um die Ursach nicht.

Nicht die Flur ist's, die zertreten
Unter ihren Rossen sinkt,
Nicht der Mond, der in den Städten
Aus den öden Fenstern blinkt;
Nicht das Weib, das mit Gewimmer
Ihrem Todeskuss erliegt,
Und zum Lohn beim Morgenschimmer
Auf den Schutt der Vorstadt fliegt!

Chor

Euern Schlachtraub lasst Euch schenken,
Wenige, die dessen denken:
Höh'rem, als der Erde Gut
Schwillt die Sehne, flammt das Blut!

Rettung von dem Joch der Knechte,
Das aus Eisenerz geprägt,
Eines Höllensohnes Rechte
Über unsre Nacken legt;
Schutz den Tempeln, und Verehrung
Unsrer Fürsten heil'gem Blut;
Unterwerfung! und Verheerung,
Gift und Dolch der Afterbrut!

Chor
Frei auf deutschem Boden walten,
Lasst uns nach dem Brauch der Alten!
Seines Segens selbst uns freun,
Oder – unser Grab ihn sein!

Die Ode, 1809 entstanden, ist erst nach Kleists Tod gedruckt worden. Sie setzt wie das gleichzeitige »Kriegslied der Deutschen« mit ihrer Aggressivität und ihrem Hass (einschließlich der abwertenden Tiermetaphorik) den Ton für eine Reihe von poetischen Entgleisungen der Freiheitskriege. Sie folgt dem metrischen Schema von Schillers Ode »An die Freude« und ist in mehreren voneinander abweichenden Fassungen mit sechs oder sieben Strophen handschriftlich und in postumen Drucken (seit 1813) überliefert. Text nach dem Druck in der Zeitschrift *Rußlands Triumph. Oder das erwachte Europa*, 3. Heft, 1814 (= Zweitdruck; Erstdruck 1813).

Marsen Blut: Anspielung auf den römischen Kriegsgott Mars. • *Weltgericht:* andere Fassung: »Das Weltgericht / Fragt euch nach den Gründen nicht!« • *Afterbrut:* ›After‹ in Zusammensetzungen bedeutet ›nach‹, ›aus zweiter Hand‹ und bezeichnet auch das Unechte, Nachgemachte.

FRIEDRICH SCHLEGEL

Gelübde

Es sei mein Herz und Blut geweiht,
Dich Vaterland zu retten.
Wohlan, es gilt, du seist befreit;
Wir sprengen deine Ketten!
Nicht fürder soll die arge Tat,
Des Fremdlings Übermut, Verrat
In deinem Schoß sich betten.

Wer hält, wem frei das Herz noch schlägt,
Nicht fest an deinem Bilde?
Wie kraftvoll die Natur sich regt,
Durch deine Waldgefilde,
So blüh't der Fleiß, dem Neid zur Qual,
In deinen Städten sonder Zahl,
Und jeder Kunst Gebilde.

Der Deutsche Stamm ist alt und stark,
Voll Hochgefühl und Glauben.
Die Treue ist der Ehre Mark,
Wankt nicht, wenn Stürme schnauben.
Es schafft ein ernster, tiefer Sinn
Dem Herzen solchen Hochgewinn,
Den uns kein Feind mag rauben.

So spotte jeder der Gefahr,
Die Freiheit ruft uns allen.
So will's das Recht und es bleibt wahr,
Wie auch die Lose fallen.
Ja, sinken wir der Übermacht
So woll'n wir doch zur ew'gen Nacht
Glorreich hinüber wallen.

ERNST MORITZ ARNDT

Vaterlandslied

Der Gott, der Eisen wachsen ließ,
Der wollte keine Knechte.
Drum gab er Säbel, Schwert und Spieß
Dem Mann in seine Rechte,
Drum gab er ihm den kühnen Mut,
Den Zorn der freien Rede,
Dass er bestände bis aufs Blut,
Bis in den Tod die Fehde.

So wollen wir, was Gott gewollt,
Mit rechten Treuen halten
Und nimmer im Tyrannensold
Die Menschenschädel spalten;
Doch wer für Tand und Schande ficht,
Den hauen wir zu Scherben,
Der soll im teutschen Lande nicht,
Mit teutschen Männern erben.

O Teutschland, heil'ges Vaterland!
O teutsche Lieb und Treue!
Du hohes Land! du schönes Land!
Dir schwören wir aufs neue:
Dem Buben und dem Knecht die Acht!
Der speise Kräh'n und Raben!
So ziehn wir aus zur Hermannsschlacht,
Und wollen Rache haben.

Lasst brausen, was nur brausen kann,
In hellen, lichten Flammen!
Ihr, Teutschen, alle Mann für Mann
Zum heil'gen Krieg zusammen!
Und hebt die Herzen himmelan!
Und himmelan die Hände!
Und rufet alle Mann für Mann:
Die Knechtschaft hat ein Ende.

Lasst klingen, was nur klingen kann,
Die Trommeln und die Flöten!
Wir wollen heute Mann für Mann
Mit Blut das Eisen röten,
Mit Henkerblut, Franzosenblut –
O süßer Tag der Rache!
Das klinget allen Teutschen gut,
Das ist die große Sache.

Lasst wehen, was nur wehen kann,
Standarten weh'n und Fahnen!
Wir wollen heut uns Mann für Mann
Zum Heldentode mahnen;
Auf! fliege hohes Siegspanier
Voran dem kühnen Reihen!
Wir siegen oder sterben hier
Den süßen Tod der Freien.

Bube: auch Bezeichnung für den erwachsenen Knecht. • *Acht:* Verfügung, die das Leben des Betroffenen jedem preisgibt.

Des Teutschen Vaterland

Was ist des Teutschen Vaterland?
Ist's Preußenland, ist's Schwabenland?
Ist's, wo am Rhein die Rebe blüht?
Ist's, wo am Belt die Möwe zieht?
O nein, nein, nein!
Sein Vaterland muss größer sein.

Was ist des Teutschen Vaterland?
Ist's Baierland? ist's Steierland?
Ist's, wo des Marsen Rind sich streckt?
Ist's, wo der Märker Eisen reckt?
O nein, nein, nein!
Sein Vaterland muss größer sein.

Was ist des Teutschen Vaterland?
Ist's Pommerland? Westfalenland?
Ist's, wo der Sand der Dünen weht?
Ist's, wo die Donau brausend geht?
O nein, nein, nein!
Sein Vaterland muss größer sein.

Was ist des Teutschen Vaterland?
So nenne mir das große Land!
Ist's Land der Schweizer? Ist's Tirol?
Das Land und Volk gefiel mir wohl;
Doch nein, nein, nein!
Sein Vaterland muss größer sein.

Was ist des Teutschen Vaterland?
So nenne mir das große Land!
Gewiss es ist das Österreich,
An Siegen und an Ehren reich?
O nein, nein, nein!
Sein Vaterland muss größer sein.

Was ist des Teutschen Vaterland?
So nenne mir das große Land!

Ist's, was der Fürsten Trug zerklaubt?
Vom Kaiser und vom Reich geraubt?
O nein, nein, nein!
Sein Vaterland muss größer sein.

Was ist des Teutschen Vaterland?
So nenne endlich mir das Land!
So weit die teutsche Zunge klingt
Und Gott im Himmel Lieder singt,
Das soll es sein!
Das, wackrer Teutscher, nenne dein!

Das ist des Teutschen Vaterland,
Wo Eide schwört der Druck der Hand,
Wo Treue hell vom Auge blitzt
Und Liebe warm im Herzen sitzt –
Das soll es sein!
Das, wackrer Teutscher, nenne dein!

Das ist des Teutschen Vaterland,
Wo Zorn vertilgt den wälschen Tand,
Wo jeder Franzmann heißet Feind,
Wo jeder Teutsche heißet Freund –
Das soll es sein!
Das ganze Teutschland soll es sein!

Das ganze Teutschland soll es sein!
O Gott vom Himmel, sieh darein!
Und gib uns rechten teutschen Mut,
Dass wir es lieben treu und gut.
Das soll es sein!
Das ganze Teutschland soll es sein!

des Marsen: des ›Marschlandbewohners‹, bezogen auf Dithmarschen? • *Eisen reckt:* Eisen zieht; Ausdehnen des Eisens in Längsrichtung, Verfahren in Eisenhütten.

THEODOR KÖRNER

Mein Vaterland

1813

Wo ist des Sängers Vaterland? –
  Wo edler Geister Funken sprühten,
  Wo Kränze für das Schöne blühten,
  Wo starke Herzen freudig glühten,
  Für alles Heilige entbrannt,
Da war mein Vaterland!

Wie heißt des Sängers Vaterland? –
  Jetzt über seiner Söhne Leichen,
  Jetzt weint es unter fremden Streichen.
  Sonst hieß es nur das Land der Eichen,
  Das freie Land, das Deutsche Land!
So hieß mein Vaterland!

Was weint des Sängers Vaterland? –
  Dass vor des Wütrichs Ungewittern
  Die Fürsten seiner Völker zittern,
  Dass ihre heil'gen Worte splittern,
  Und dass sein Ruf kein Hören fand,
Drum weint mein Vaterland!

Wem ruft des Sängers Vaterland? –
  Es ruft nach den verstummten Göttern,
  Mit der Verzweiflung Donnerwettern,
  Nach seiner Freiheit, seinen Rettern,
  Nach der Vergeltung Rächerhand.
Der ruft mein Vaterland!

Was will des Sängers Vaterland? –
  Die Knechte will es niederschlagen,
  Den Bluthund aus den Grenzen jagen,
  Und frei die freien Söhne tragen,
  Oder frei sie betten unterm Sand.
Das will mein Vaterland!

Und hofft des Sängers Vaterland? –
  Es hofft auf die gerechte Sache,
  Hofft, dass sein treues Volk erwache,
  Hofft auf des großen Gottes Rache,
  Und hat den Rächer nicht verkannt.
Drauf hofft mein Vaterland!

LUISE HENSEL

Lied

Ich bin ein deutsches Mädchen!
Es schlägt mein freies, stolzes Herz
  Voll heil'ger Glut
Fürs deutsche Vaterland empor.

Ich bin ein deutsches Mädchen!
Verachtend werf' ich Modetand
  Und schnöden Witz
Und eit'len Glanz und Flitter hin.

Ich bin ein deutsches Mädchen!
Mein ganzer Stolz ist's Vaterland;
  Ein Eichenzweig
Ein Veilchenkranz mein ganzer Schmuck.

Ich bin ein deutsches Mädchen!
Ich siegte kühn den schweren Sieg,
  Den Sieg der Pflicht,
Den nur ein deutsches Mädchen siegt.

Ich bin ein deutsches Mädchen!
Mein Arm ist kräftig, wie mein Mut,
  Gern weiht' ich ihn
Dem Kampfe für das Vaterland!

Gern kämpft' ich für die Freiheit;
Doch ich bin Weib und mein Beruf
  Ist töten nicht,
Nicht sterben für das Vaterland.

Ich bin ein deutsches Mädchen!
Ich seh' mit hohem Stolz im Blick
  Zum blut'gen Kampf
Den edeln, teuern Bruder ziehn.

Ich bin ein deutsches Mädchen!
Verachtend blick' ich jeden Fant
  Und Süßling, dich
Und zürnend jeden Schmeichler an;

Ich kann sie nimmer hassen,
Die Knaben ohne Kopf und Herz;
  Sie sind zu klein,
Zu arm, zu schwach für meinen Hass.

Ich bin ein deutsches Mädchen!
Glück zu, erhab'nes Vaterland!
  Bald bist du frei
Durch deiner Streiter kräft'gen Arm!

Ich bin ein deutsches Mädchen!
Wie glüht die Wange mir, wie wallt
  Mein Herz empor,
Dass ich ein deutsches Mädchen bin.

Sommer 1813

JOHANN HEINRICH CHRISTOPH NONNE

Volkslied

bei dem Siegesfeuer am 18. Oktober
zu singen.

Nach der Weise: *Feinde ringsum* etc.

Flamme! empor –
Steige mit loderndem Scheine
Auf den Gebirgen am Rheine
Glühend empor!

Siehe! wir stehn
Treu im geweiheten Kreise,
Dich zu des Vaterlands Preise
Brennen zu sehn.

Heilige Glut!
Rufe die Jugend zusammen,
Dass bei den zischenden Flammen
Wachse der Mut.

Hier auf den Höhn
Leuchte du brennendes Zeichen,
Dass alle Feinde erbleichen,
Wenn sie dich sehn.

Finstere Nacht
Lag auf Germaniens Auen,
Da ließ Jehova sich schauen,
Der uns bewacht.

»Licht brich herein«
Sprach er, da sprüh'ten die Flammen,
Schlugen in Gluten zusammen
Über dem Rhein.

Und er ist frei,
Flammen umbrausen die Höhen,
Die um den Herrlichen stehen,
Jauchzt! er ist frei.

Stehet vereint
Brüder! und lasst uns mit Blitzen
Unsre Gebirge beschützen
Gegen den Feind.

Leuchtender Schein!
Siehe! wir singenden Paare
Schwören am Flammenaltare:
»Deutsche zu sein«.

Höre das Wort,
Vater, auf Leben und Sterben,
Hilf uns die Freiheit erwerben,
Sei unser Hort!

Siegesfeuer: Freudenfeuer zum Jahrestag der Völkerschlacht bei Leipzig am 18. Oktober 1814.

KARL FOLLEN

Deutsch Burschenlied

Weise: *Heil dir im Siegerkranz* etc.

Brause, du Freiheitssang,
Brause, wie Wogendrang
Aus Felsenbrust!
Feig bebt der Knechte Schwarm;
Uns schlägt das Herz so warm,
Uns zuckt der Jünglingsarm
Voll Tatenlust! :|:

Gott Vater, dir zum Ruhm
Flammt Deutschlands Rittertum
In uns aufs Neu!
Neu wird das alte Band,
Wachsend wie Feuers-Brand:
Gott, Freiheit, Vaterland!
Altdeutsche Treu! :|:

Stolz, keusch und heilig sei,
Gläubig und Deutsch und frei
Hermanns Geschlecht!
Zwingherrschaft, Zwingherrnwitz
Tilgt Gottes Racheblitz; –
Euch sei der Herrschersitz:
Freiheit und *Recht*! :|:

Freiheit, in uns erwacht
Ist deine Geistermacht –
Heil dieser Stund!
Blühend in Ritterkraft,
Glühend nach Wissenschaft,
Sei *Deutschlands Burschenschaft*
Ein Bruderbund! :|:

Schalle du, Schwerter-(Becher-)klang,
Schalle du, Hochgesang
Aus Deutscher Brust!
Ein Herz, *ein* Leben ganz
Stehn wir wie Wall und Schanz,
Bürgen des Vaterlands,
Voll Himmelslust! :|:

Das zur Gründung einer Burschenschaft Ende 1816 in Gießen verfasste Lied erschien seit 1817 unter verschiedenen Titeln (»Weihelied«, »Deutsch Burschenlied«, »Turnerstaat«) mit kleineren zensurbedingten Varianten. Hier wiedergegeben nach der Fassung bei Hans Ferdinand Maßmann, *Kurze und wahrhaftige Beschreibung des großen Burschenfestes auf der Wartburg* (1817).

HANS FERDINAND MASSMANN

Gelübde

Nach der Weise eines Thüringischen Waldliedes

Ich hab mich ergeben
Mit Herz und mit Hand,
Dir, Land voll Lieb' und Leben,
Mein teutsches Vaterland!

Mein Herz ist entglommen,
Dir treu zugewandt!
Du Land der Freien und Frommen,
Du herrlich Hermannsland!

Du Land, reich an Ruhme,
Wo Luther erstand,
Für deines Volkes Tume
Reich' ich mein Herz und Hand!

Ach Gott, tu erheben
Mein jung Herzensblut
Zu frischem freud'gen Leben,
Zu freiem frommen Mut!

Lass Kraft mich erwerben
In Herz und in Hand,
Zu leben und zu sterben
Fürs heil'ge Vaterland!

Das 1820 entstandene, ungemein populär gewordene Lied erschien zuerst 1823. In der Folgezeit erlebte es verschiedene Veränderungen; u.a. wurden die Anspielungen auf Luther und Jahn (»Volkes Tume«) entfernt.

FRIEDRICH RÜCKERT

Grammatische Deutschheit

Neulich deutschten auf deutsch vier deutsche Deutschlinge
deutschend,
Sich überdeutschend am Deutsch, welcher der Deutscheste sei.
Vier deutschnamig benannt: Deutsch, Deutscherig, Deutscherling,
Deutschdich;
Selbst so hatten zu deutsch sie sich die Namen gedeutscht.
Jetzt wettdeutschten sie, deutschend in grammatikalischer
Deutschheit,
Deutscheren Komparativ, deutschesten Superlativ.
»Ich bin deutscher als deutsch.« »Ich deutscherer.« »Deutschester
bin ich.«
»Ich bin der Deutschereste, oder der Deutschestere.«
Drauf durch Komparativ und Superlativ fortdeutschend,
Deutschten sie auf bis zum – Deutschesteresteresten;
Bis sie vor komparativisch- und superlativischer Deutschung
Den Positiv von Deutsch hatten vergessen zuletzt.

JOSEPH VON EICHENDORFF

Der neue Rattenfänger

Juchheißa! und ich führ' den Zug
Hopp über Feld und Graben.
Des alten Plunders ist genug,
Wir wollen neuen haben.

Was! wir gering? Ihr vornehm, reich?
Planierend schwirrt die Schere,
Seid Lumps' wie wir, so sind wir gleich,
Hübsch breit wird die Misere!

Das alte Lied, das spiel' ich neu,
Da tanzen alle Leute,
Das ist die Vaterländerei,
O Herr, mach' uns gescheute! –

KARL IMMERMANN

Dithyrambus

Unordentlich
Durch maßloser Metren chaotisches Felsgeklüft,
Tanzt heute mir die glühendbegeisterte Muse,
Wie dieses Genre der Poesie verlangt.
Denn ich singe
Und wünsche drucken zu lassen
Einen Dithyrambus auf Thuiskons Volk!
O wittre, Zensur,
Du Newfoundlandshundsspürnasige,
Nur nicht gleich Hochverrat – ich bitte herzlich!
Man ist doch auch, so zu sagen, ein Deutscher.

Deutschland,
Oder, wie man höflicher dich im Plural begrüßt,
Ihr Staaten des deutschen Bundes,
Welche Töne findet die Muse, deiner wert?
Nach der vierten Auflage von Stein
Hast du über dreißig Millionen Seelen,
Hast du 11,794 Quadratmeilen –
(Wie wild schwärmt die Pierische Göttin!)
Und immer kocht der Brei des Nationalglücks
Im großen Frankfurter Kessel:
Da lacht unser Tag,
Unser ewiger, heitrer, bläulicher Montag!

Aber zehn Bundesarmeekorps
Stehen, gewaffnet zu Schutz und zu Trutz,
Auf dem Protokoll von Frankfurt!

Der Feind siege am Rhein und am Belt,
Er pflanze seine Zeichen in Triest und Hamburg,
Das Bundesheer ist gesund und komplett;
Der Diplomat hat gerettet das Protokoll,
Da dräuen sie noch, unsre frischen Truppen,
Ein geistig, geflügelt, unverletzbar Geschlecht!
Schwachherziger Kleinmut, entfleuch!
Du winselst: uns knüpfe kein bindendes Band,
Und keines gemeinsamen Fühlens Blitz
Durchzucke die Stämme, die wohnen herab
Vom Bernsteinmeer bis zu Adrias Flut.
Fleuch, atembeklemmender Kobold, entfleuch
Nach den Fluten des Pols, vom Eise träg,
Und verbirg dich auf Nova-Zembla!

Haltet ihr nicht den Anzeiger der Deutschen?
Haltet ihn, les't ihn! Ihr les't, was uns knüpft,
Uns verknüpft als Kinder des Hauses,
Als das Volk von einigen Brüdern!

Hier bietet ein Fänger der Ratzen sich aus,
Dort sucht man ein Mädchen, das weißnäht,
In Suhl wird ein Laden zu kaufen gewünscht,
Und der Hirschapotheker zu Eisenach sehnt
Nach dem tücht'gen Provisor sich schmerzlich,
Und der Pastor zu Schochwitz hat gründlich entdeckt,
Wie Kartoffeln im Winter zu schützen vor Frost,
Und ein Billard kauft man in Gohlis;
Doch ein Leipz'ger Magister fleht dringend um Trost:
Heißt's: *Voigtland*, oder heißt's: *Vogtland*?

Allgemeiner Anzeiger der Deutschen,
Grüne und blühe!
Die Götter schenken dir Abonnenten
Wie Sand am Meer,
Du Palladium unsres Volkstums!
In Gotha kommst du heraus
Und Hennicke heißt dein schuldloser Redakteur!
Seid umschlungen Millionen!

Brüder, überm Sternenzelt
Legt, wenn wir segnen die Zeitlichkeit,
Der Engel Gabriel schon zurecht den Schlafrock
Von Warschauer Zeug,
Und die baumwollne Nachtmütze mit roter Kante,
Und stopft uns eine lange Gipspfeife
Mit Gesundheitstabak, der die Ewigkeit durchbrennt;
Wir bleiben, was wir waren,
Und auch jenseits halten den Anzeiger wir!

dieses Genre der Poesie: Die Form der ursprünglich mit dem Dionysoskult verbundenen Chor- und Tanzlieder entwickelte sich zu komplexen Gesängen mit variablen Metren ohne Stropheneinteilung. In der deutschen Literatur Annäherungen u.a. bei Klopstock und in Goethes freirhythmischer Sturm- und Drang-Lyrik. Bei Immermann steht die hohe Form in satirischem Kontrast zum Inhalt des Textes. • *Thuiskons Volk:* Tuiscon: in der humanistischen deutschen Geschichtsschreibung sagenhafter Stammvater der Deutschen mit biblischer Genealogie. • *des deutschen Bundes:* Der 1815 nach den Napoleonischen Kriegen gegründete Deutsche Bund (bis 1866) bestand aus 41 Mitgliedern (darunter vier Reichsstädte). • *vierten Auflage von Stein:* Christian Gottfried Daniel Stein, *Handbuch der Geographie und Statistik*, 4. verm. und verb. Auflage, 3 Bde., Leipzig 1819/20 (zuerst 1809). • *Pierische Göttin:* Muse. • *Frankfurter Kessel:* Frankfurt a.M. war der Sitz des Bundestages (ständiger Gesandtenkongress) des Deutschen Bundes. • *bläulicher Montag:* blauer Montag: Montag, an dem gefeiert wird bzw. an dem man seinen Sonntagsrausch ausschläft. • *Nova-Zembla:* Nowaja Semlja, Insel im Nordmeer. • *Allgemeiner Anzeiger der Deutschen:* Von dem Volksaufklärer Rudolph Zacharias Becker (1752–1822) gegründete Zeitung, die nach verschiedenen Vorläufern unter diesem Titel seit 1806 erschien. Redakteur bis 1839 war Johann Friedrich Hennicke (1764–1848). • *Provisor:* Verwalter einer Apotheke • *Palladium:* Schutzbild, schützendes Heiligtum. • *Seid umschlungen Millionen! / Brüder, überm Sternenzelt:* Zitate aus Schillers Ode »An die Freude«. • *Zeug:* Stoff.

AUGUST VON PLATEN

Vermächtnis der sterbenden Polen an die Deutschen

Wir gehn zu Grab erschöpft und lass
Nach manchem kühnen Strauß,
Und atmen unsern Russenhass,
In eure Seelen aus.

Es zwang uns Übermacht ins Joch,
So treu wir uns verschanzt;
Doch weht die weiße Fahne noch,
Auf unser Grab gepflanzt!

Ergreift sie einst, und liebevoll
Gedenkt an unsre Pein:
Der ungeheure Frevel soll
Mit Blut gerochen sein!

Wir neiden unsern Sieger nicht,
Ihn trifft der Zeiten Fluch,
Von ihm und seinem Alba spricht
Das allerspätste Buch.

Stets waltet glücklich ein Tyrann,
Das ist der Menschheit Los:
Was bleibt dem unterdrückten Mann?
Ein Grab im Erdenschoß.

Doch ihr, gewarnt durch unsre Qual:
Sei's morgen oder heut,
Oh, seid nur noch ein einzig Mal
Das alte Volk des Teut!

Der polnische Aufstand gegen die russische Herrschaft (1830/31) scheiterte; eine rücksichtslose Russifizierung folgte. Tausende Freiheitskämpfer emigrierten.

lass: müde, matt. • *Alba:* Anspielung auf den spanischen Heerführer Herzog Alba (1507–1582), der für die Unterwerfung der Niederlande sorgen sollte. • *Teut:* sagenhafter Stammvater der Deutschen (Tuiscon); siehe Anmerkung zu dem vorangehenden Gedicht.

Deutsche Charaktere

Wenige Gaben besitzt und geringe Talente der Deutsche;
Aber der Tugenden doch manche, zumal die Geduld.
Unsere Fürsten erfuhren es längst. Jedwede Zerstücklung,
Jegliche Schmach trägt gern ihnen zu Liebe das Volk.

Frage eines Ausländers

Werden in Frankfurt bloß die germanischen Fürsten vertreten?
Sendet das Volk nicht auch seine Vertreter dorthin?

Frankfurt: bezieht sich auf den Bundestag, den ständigen Gesandtenkongress des Deutschen Bundes in Frankfurt am Main.

HARRO HARRING

Deutschland

Bei dem Tode zugleich denk' ich auch an das Schwert –
Und ich hoffe, dass Gott meinen Wunsch mir gewährt,
Dass ich sterb' mit dem Schwert in der Rechten;
Dass er komme, der Tag, der Despoten erschreckt –
Dass er komme, der Tag, der die Deutschen erweckt,
Ein Germanien sich zu erfechten.

Ohne Vaterland sein, ist ein trauriges Los. –
Und ein Grab in entfremdetem Erdenschoß',
Ist kein Trost für ein trauriges Leben.
Und entfremdet ward uns ja »das deutsche Land«;
Denn sie haben's mit drei Dutzend Namen benannt,
Mög' der Himmel es ihnen vergeben!

O Gedanke so wonnig, Gedanke so rein:
Unter Vaterlands Eichen ein *Deutscher* zu sein!
Und wo nicht; – doch als Deutscher zu fallen!
Lass' dich denken, Gedanke! Du bist ja mein Trost,
Wenn die Willkür gesetzlos die Grenzen umtos't,
Durch das Sklaventum schwacher Vasallen.

Lass' dich denken Gedanke! so groß und so hehr!
Dass das Herz jedes Deutschen ein Heiligtum wär',
Durch sich selbst gegen Frevel beschirmet!
Dass ein Geist sich erhebe, germanisch stark!

Dass die Kraft sich erkenn' in des Volkes Mark,
Eh' die Zwingburg noch höher sich türmet. –

O Gedanke, du deutscher: – Ein Vaterland!
Ein Germanisches Volk und ein Schwert in der Hand!
Werde Wirklichkeit, dann will ich sterben;
Will als Opfer dir bringen mein Herz und mein Blut –
Könnt' ich sterbend Dein Heil mit entschlossenem Mut,
Deutsches Volk! durch den Tod Dir erwerben!

drei Dutzend Namen: Anspielung auf den Deutschen Bund, der allerdings insgesamt 41 Mitglieder zählte (vgl. Anm. S. 106).

NIKOLAUS LENAU

Abschied

Lied eines Auswandernden

Sei mir zum letztenmal gegrüßt
Mein Vaterland, das feige dumm,
Die Ferse dem Despoten küsst,
Und seinem Wink gehorchet stumm.

Wohl schlief das Kind in deinem Arm;
Du gabst, was Knaben freuen kann;
Der Jüngling fand ein Liebchen warm;
Doch keine Freiheit fand der Mann.

Im Hochland streckt der Jäger sich
Zu Boden schnell, wenn Wildesschar
Heran sich stürzet fürchterlich;
Dann schnaubt vorüber die Gefahr:

Mein Vaterland, so sinkst du hin,
Rauscht deines Herrschers Tritt heran,
Und lässest ihn vorüberziehn,
Und hältst den bangen Atem an. –

Fleug, Schiff, wie Wolken durch die Luft,
Hin, wo die Götterflamme brennt!
Meer, spüle mir hinweg die Kluft,
Die von der Freiheit noch mich trennt!

Du neue Welt, du freie Welt,
An deren blütenreichem Strand
Die Flut der Tyrannei zerschellt,
Ich grüße dich, mein Vaterland!

Das Lied, 1832 entstanden, trug zunächst den Untertitel »Lied eines auswandernden Portugiesen« (*Gedichte*, 1832 und 1834), von der dritten Auflage (1837) an geändert in »Lied eines Auswandernden«. Das Lied bezieht sich nicht auf Portugal (das »Vaterland« ist Österreich bzw. allgemeiner der Deutsche Bund), sondern auf Lenaus eigene Situation; er unternahm 1832–33 einen gescheiterten Versuch der Auswanderung nach Amerika.

LUDWIG UHLAND

Wanderung

Ich nahm den Stab, zu wandern,
Durch Deutschland ging die Fahrt,
Man pries mir ja vor Andern
Der Deutschen Sinn und Art.
Dem Lande blieb ich ferne,
Wo die Orangen glühn;
Erst kennt' ich jenes gerne,
Wo die Kartoffeln blühn.

Ich kam zum Fürstenhofe,
Wo man die Künste kränzt,
Wo Prunksaal und Alkove
Von Götterbildern glänzt.
Ein Baum, der nicht im groben
Volksboden sich genährt,
Nein einer, der nach oben
Sogar die Wurzeln kehrt!

Ich ging zur Hohenschule,
Da schöpft' ich reines Licht,
Wo vom Prophetenstuhle
Die wahre Freiheit spricht;
Wo uns der Meister täglich
Den innern Sinn befreit,
Indes ihm selbst erträglich
Der ird'sche Leib gedeiht.

Ich schritt zum Sängerwalde,
Da sucht' ich Lebenshauch;
Da saß ein edler Skalde
Und pflückt' am Lorbeerstrauch;
Nicht hatt' er Zeit, zu achten
Auf eines Volkes Schmerz,
Er konnte nur betrachten
Sein groß, zerrissen Herz.

Ich ging zur Tempelhalle,
Da hört' ich christlich Recht:
Hier innen Brüder Alle,
Da draußen Herr und Knecht!
Der Festesrede Giebel
War: duck dich, schweig dabei!
Als ob die ganze Bibel
Ein Buch der Kön'ge sei.

Ich kam zum Bürgerhause,
Gern denk' ich dran zurück,
Fern vom Parteigebrause
Blüht Tugend hier und Glück.
Lebt häuslich fort, wie heute!
Bald wird vom Belt zum Rhein
Ein Haus voll guter Leute,
Ja! *ein* Gutleuthaus sein.

Ich ging zum Hospitale,
Da fand ich Alles nett,
Viel Grütz' und Kraut zum Mahle
Und reinlich Krankenbett;

Auch sorgt ein schön Erbarmen
Für manch verwahrlost Kind.
Wer denkt des Volks von Armen,
Die altverwahrlost sind?

Ich saß im Ständesaale,
Da schlief ich ein und träumt',
Ich sei noch im Spitale,
Den ich doch längst geräumt.
Ein Mann, der dort im Fieber,
Im kalten Fieber lag,
Er rief: nur nichts, mein Lieber,
Nur nichts vom Bundestag!

Ich mischte mich zum Volke,
Das nach dem Festplatz zog,
Wo durch die Staubeswolke
Manch dürrer Renner flog;
Da lernt es, dass die Eile
Den Reiter überstürzt,
Und dass man gut die Weile
Mit Wurst und Bier sich kürzt.

Ein Adler, flügelstrebend,
War Reichspanier hievor,
Ich sah ihn noch, wie lebend,
Zu Nürnberg an dem Tor.
Jetzt fliegt man nicht zum Zwecke,
Der Wahlspruch ist: Gott geb's!
Das Wappen ist die Schnecke,
Schildhalter ist der Krebs.

Als ich mir Das entnommen,
Kehrt' ich den Stab nach Haus;
Wann einst das Heil gekommen,
Dann reis' ich wieder aus:
Wohl werd' ich's nicht erleben,
Doch an der Sehnsucht Hand
Als Schatten noch durchschweben
Mein freies Vaterland.

Skalde: eigentl.: germanischer Berufssänger. • *Gutleuthaus:* Aussätzigen-, Armenspital. • *Ständesaal:* Tagungsort der Stände; bezieht sich wohl auf den Ende der Strophe genannten Bundestag, den ständigen Gesandtenkongress des Deutschen Bundes in Frankfurt am Main.

NICOLAUS BECKER

Der deutsche Rhein

An Alphons de Lamartine

Sie sollen ihn nicht haben,
Den freien deutschen Rhein,
Ob sie wie gier'ge Raben
Sich heiser danach schrei'n,

So lang' er ruhig wallend
Sein grünes Kleid noch trägt,
So lang' ein Ruder schallend
In seine Woge schlägt!

Sie sollen ihn nicht haben,
Den freien deutschen Rhein,
So lang' sich Herzen laben
An seinem Feuerwein;

So lang' in seinem Strome
Noch fest die Felsen stehn,
So lang' sich hohe Dome
In seinem Spiegel sehn!

Sie sollen ihn nicht haben,
Den freien deutschen Rhein,
So lang' dort kühne Knaben
Um schlanke Dirnen frei'n;

So lang' die Flosse hebet
Ein Fisch auf seinem Grund,
So lang' ein Lied noch lebet
In seiner Sänger Mund!

Sie sollen ihn nicht haben,
Den freien deutschen Rhein,
Bis seine Flut begraben
Des letzten Manns Gebein!

Alphonse de Lamartine: französischer Dichter (1790–1869). Im Zusammenhang mit der diplomatischen Niederlage Frankreichs in der sogenannten Orientkrise (1839/40) verlangte die französische Regierung unter der Leitung von Louis-Adolphe Thiers (unterstützt von Abgeordneten der Deputiertenkammer, darunter Lamartine) die Revision der Verträge von 1815 (Wiener Kongress) und erhob Anspruch auf die linksrheinischen deutschen (preußischen) Gebiete. Beckers Text, zuerst in der *Trierischen Zeitung* vom 18. September 1840 erschienen, fand breite Resonanz und löste zahlreiche weitere militante Gedichte, aber auch liberale Gegengedichte aus.

MAX SCHNECKENBURGER

Die Wacht am Rhein

Es braust ein Ruf wie Donnerhall,
Wie Schwertgeklirr und Wogenprall:
Zum Rhein, zum Rhein, zum deutschen Rhein,
Wer will des Stromes Hüter sein?
Lieb' Vaterland, magst ruhig sein,
Fest steht und treu die Wacht am Rhein.

Durch Hunderttausend zuckt es schnell,
Und aller Augen blitzen hell:
Der deutsche Jüngling, fromm und stark,
Beschirmt die heil'ge Landesmark.
Lieb' Vaterland, magst ruhig sein,
Fest steht und treu die Wacht am Rhein.

Auf blickt er, wo der Himmel blaut,
Wo Vater Hermann niederschaut,
Und schwört mit stolzer Kampfeslust:
»Du, Rhein, bleibst deutsch wie meine Brust.«
Lieb' Vaterland, magst ruhig sein,
Fest steht und treu die Wacht am Rhein.

»Und ob mein Herz im Tode bricht,
Wirst du doch drum ein Welscher nicht,
Reich wie an Wasser deine Flut,
Ist Deutschland ja an Heldenblut.«
Lieb' Vaterland, magst ruhig sein,
Fest steht und treu die Wacht am Rhein.

»Solang ein Tropfen Blut noch glüht,
Noch eine Faust den Degen zieht,
Und noch ein Arm die Büchse spannt,
Betritt kein Welscher deinen Strand.«
Lieb' Vaterland, magst ruhig sein,
Fest steht und treu die Wacht am Rhein.

Der Schwur erschallt, die Woge rinnt,
Die Fahnen flattern noch im Wind.
Am Rhein, am Rhein, am deutschen Rhein,
Wir alle wollen Hüter sein!
Lieb' Vaterland, magst ruhig sein,
Fest steht und treu die Wacht am Rhein.

Erstdruck: *Tuttlinger Grenzbote*, 18. Dezember 1840.

ADOLF FREIHERR VON LEUTRUM-ERTINGEN

Deutsches Lied

Sie sollen ihn nicht haben
Den freien deutschen Rhein. –

N. Becker

Wir haben lang' genug gesagt,
Was sie nicht haben sollen;
Mich dünkt, die Zeit hat uns gefragt,
Was wir begehren wollen.

Wir fordern Elsass und Burgund,
Wir fordern die Vogesen,

Der Schweizer Alpen heil'gen Grund
Und was einst Deutsch gewesen.

Wir fordern Niederland zurück,
Die deutschen Ostseelande:
Sich beugen vor des Fremden Blick
Ist deutschen Männern Schande.

Wir fordern d'rum der Einheit Macht,
Der Freiheit kühne Taten –
Weil Völker schlagen solche Schlacht,
Und nimmermehr Soldaten.

Wenn wir zur Memel und zum Rhein
Ein freies Volk einst wallen:
Dann werden gern uns Brüder sein,
Die von uns abgefallen.

Wir haben lang' genug gesagt,
Was sie nicht haben sollen;
Mich dünkt, die Zeit hat uns gefragt,
Was wir begehren wollen.

GEORG HERWEGH

Protest

So lang ich noch ein Protestant,
  Will ich auch protestieren,
Und jeder deutsche Musikant
  Soll's weiter musizieren!
Singt alle Welt: Der *freie* Rhein!
So sing' doch ich: Ihr Herren, nein!
Der Rhein, der Rhein könnt' freier sein –
  So will ich protestieren.

Kaum war die Taufe abgetan,
 Ich kroch noch auf den Vieren,
Da fing ich schon voll Glaubens an,
 Mit Macht zu protestieren,
Und protestiere fort und fort,
O Wort, o Wind, o Wind, o Wort,
O selig sind, die hier und dort,
 Die ewig protestieren.

Nur Eins ist not, dran halt' ich fest
 Und will es nit verlieren,
Das ist mein christlicher Protest,
 Mein christlich Protestieren.
Was geht mich all das Wasser an
Vom Rheine bis zum Ozean?
Sind keine freien Männer dran,
 So will ich protestieren.

Von nun an bis in Ewigkeit
 Soll euch der Name zieren:
So lang ihr Protestanten seid,
 Müsst ihr auch protestieren.
Und singt die Welt: Der *freie* Rhein!
So singet: Ach! ihr Herren, nein!
Der Rhein, der Rhein könnt' freier sein,
 Wir müssen protestieren.

AUGUST HEINRICH HOFFMANN VON FALLERSLEBEN

Das Lied der Deutschen

 Deutschland, Deutschland über Alles,
Über Alles in der Welt,
Wenn es stets zu Schutz und Trutze
Brüderlich zusammen hält,
Von der Maas bis an die Memel,
Von der Etsch bis an den Belt –

Deutschland, Deutschland über Alles,
Über Alles in der Welt!

Deutsche Frauen, deutsche Treue,
Deutscher Wein und deutscher Sang
Sollen in der Welt behalten
Ihren alten schönen Klang,
Uns zu edler Tat begeistern
Unser ganzes Leben lang –
Deutsche Frauen, deutsche Treue,
Deutscher Wein und deutscher Sang!

Einigkeit und Recht und Freiheit
Für das deutsche Vaterland!
Danach lasst uns alle streben
Brüderlich mit Herz und Hand!
Einigkeit und Recht und Freiheit
Sind des Glückes Unterpfand –
Blüh' im Glanze dieses Glückes,
Blühe deutsches Vaterland!

Nach dem Erstdruck, einem Flugblatt vom 1. September 1841 mit der Melodie Joseph Haydns (»Gott erhalte Franz den Kaiser«, 1797).

Deutschland über Alles: Die Formulierung ist, wie manches andere in dem Lied, nicht originell. Bereits im 17. Jahrhundert veröffentlichte der österreichische Ökonom Philipp Wilhelm von Hornigk eine Abhandlung unter dem Titel *Oesterreich Uber alles wann es nur will* (1684) mit Vorschlägen im Geist merkantilistischer Wirtschaftspolitik, »Wie mittelst einer wolbestellten Lands-Oeconomie, die Kayserl. Erbland in kurzem über alle andere Staaten von Europa zu erheben« und von ihnen »Independent« zu machen seien. Und als Österreich 1809 den Kampf gegen Napoleon aufnahm, veröffentlichte der Dramatiker Heinrich Joseph von Collin seine *Lieder Oesterreichischer Wehrmänner.* Darin gibt das »Östreich über Alles« überschriebene Lied die Antwort auf Hornigk: »Wenn es nur will, / Ist immer Östreich über Alles! / Wehrmänner, ruft nun frohen Schalles: / Es will, es will! / Hoch Österreich!« Weitere Beispiele nennt Jürgen Schröder (*Deutschland als Gedicht. Über berühmte und berüchtigte Deutschland-Gedichte aus fünf Jahrhunderten in fünfzehn Lektionen*, Freiburg i.Br. 2000, S. 34).

FRANZ DINGELSTEDT

Überall und nirgends

Keine Romanze

Ein Königreich hab' ich gesehen,
So eins gibt's auf der Welt nicht mehr:
Mit off'nem Munde blieb ich stehen,
Und sah und staunte rings umher.

Das war ein Wohlsein allerwegen
In Haus und Hof, zu Stadt und Land,
Ein rechter reicher Gottes-Segen,
Wie ihn mein Auge nirgends fand.

Die Straßen statt von Kriegsmilizen
Waren von Bürgern reich belebt,
Der Hafen hat von Mastenspitzen,
Von Rädern die Chaussée gebebt.

Von Polizei- und Amts-Verboten,
Von Maut-Tarif und Brückengeld,
Schlagbaum und and'ren Schwerenoten
War auch nicht eine ausgestellt.

Und drinnen? – O da hat ein Glaube
Ganz ohne Pfaff und Priesterstand
Leuchtend, wie einst des Geistes Taube,
Geschwebt ob dem beglückten Land.

Und keine Spur von Mystizismus,
Von Dunkelmänner-Muckerei,
Selbst Luthertum, Katholizismus
Und Gar-Nichts galt für Einerlei!

Und Schrift und Wort war freigegeben,
Die Presse seufzte Tag und Nacht,
Jedwede Kraft und jedes Streben,
Wenn echt, ward wirksam auch gemacht.

Vom König war nicht viel zu sehen,
Und doch schien er an jedem Ort,
Und wollt' er wo zu Fuße gehen,
Trug man ihn auf den Händen fort.

Die Stände zeigten so viel Dummheit,
Als guten Ständen nötig tut,
Mehr Rührigkeit und minder Stummheit
Und just den rechten Redemut.

Mätressen gab es und Spione
Als Rarität ein Paar im Land,
Und für die Zeitung der Barone
Im Tollhaus einen Pränumerant.

Und Freiheit lag und grüner Friede
Und Überfluss und Lebenslust
Wie eine blitzende Ägide
Gar herrlich ob des Reiches Brust.

Die Dichter sangen wie sie wollten,
Der Eine hart, der And're weich,
Und Keiner ward darum gescholten,
War er nicht einer Schule gleich.

Noch hatt' ich, ganz in Schau'n verloren,
Des Besten Laute still gelauscht,
Als plötzlich, dicht vor meinen Ohren,
Ein fremder Klang vernehmlich rauscht.

Ich – wachte auf – … Wo? – Im Gefängnis,
Vom Klirr'n der Kett' an meinem Fuß …
O unglückseliges Verhängnis!
Dass man auch stets erwachen muss!

Vor meinem Fenster stund das Gitter
So fest wie früher in der Mauer,
Und über mir sang – ohne Zither! –
Ein Strauchdieb seinen Gassenhauer.

Die Traumvision eines freiheitlichen Gemeinwesens stellt das genaue Gegenbild der Zustände dar, die dem fiktiven Reisenden in Dingelstedts *Liedern eines kosmopolitischen Nachtwächters* auf seiner Reise durch die deutschen Länder begegnen.

Dunkelmänner-Muckerei: Anspielung auf die humanistische Satire *Epistolae obscurorum virorum* (1515–17) von Ulrich von Hutten und anderen, die mit den Kölner Dominikanern abrechnet, auf deren Veranlassung Johannes Reuchlin der Prozess wegen Ketzerei gemacht worden war. Er hatte sich gegen die Konfiszierung jüdischer Bücher gewandt. • *Pränumerant:* Subskribent, der im Voraus bezahlt hat. • *Ägide:* Schutz(schild).

FRIEDRICH VON SALLET

Ächtes Deutschtum

Eine nagelneue Erfindung der Zeitungsschreiber und Anderer

Wir wollen uns, ächtdeutsch, begeistern
Für unsren angestammten Herrn.
Je herrischer er uns will meistern,
Je heller strahlt der Treue Stern.

Will man die Freiheit rücklings meucheln,
Die man doch lobt ins Angesicht,
Wir wollen, ächtdeutsch, Dummheit heucheln,
Als merkten wir das Meucheln nicht.

Wir nehmen wedelnd jede Phrase,
Ächtdeutsch, für bare Münze an,
Weil die bescheidne deutsche Nase
Tatsächlichstes nicht spüren kann.

Wir nehmen jedes Halbversprechen,
Ob man auch in der Zeiten Lauf
Uns hunderte schon mochte brechen,
Ächtdeutsch, mit neuem Jubel auf.

Wir wollen sein ächtdeutsche Affen
Von Englands finstrer Klerisei.
Werft uns ums Haupt das Netz, ihr Pfaffen!
Wir dulden's ächtdeutsch, fromm und frei.

Wir wollen auch ächtdeutsch erzittern
Vor jedem Polizei-Gensdarm',
Ächtdeutsch uns krümmen vor den Rittern,
Und vor dem Büreaucratenschwarm.

Zertretet uns, ächtdeutsche Junker,
Wie in der alten, guten Zeit!
Wir schrei'n bei eurem Prunkgeflunker,
Wie ächtdeutsch ritterlich ihr seid!

Und wenn wir mit zerbrochnem Nacken
Das Joch geschleppt, Jahr aus, Jahr ein,
Und rücken endlich die Kosaken
Und die Baschkiren bei uns ein:

Dann wollen wir ächtdeutsch auch prahlen
Mit ächter deutscher Liedesmacht,
Bis wir verloren die Sandalen,
Ächtdeutsch, gleich bei der ersten Schlacht.

Dann heißt's ächtdeutsch illuminieren,
Wo sich nur seh'n lässt der Barbar;
Im Transparent, das Blumen zieren,
Steht: Vivat unser Gott, der Zar!

Die Zeitungen, ächtdeutsch, verbreiten
Einstimmig dann, wie freudenvoll
Sich alle deutschen Herzen weiten,
Weil Knutenglück uns lächeln soll.

Und bist du dann, mein Volk, begraben,
Verschwunden von dem Erdenrund,
Wirst du doch noch die Grabschrift haben:
Hier fault, ächtdeutsch, ein toter Hund.

Klerisei: Klerus. • *Kosaken … Baschkiren … Knutenglück:* reflektiert den Aufstieg Russlands zur führenden Kontinentalmacht Europas nach dem Wiener Kongress und der Annexion von Teilen Polens. Baschkiren: Turkvolk im Ural. Die Furcht vor dem ›russischen Koloss‹ war im 19. Jahrhundert ein weitverbreitetes Phänomen.

RUDOLF GOTTSCHALL

Barbarossa

Die Sage geht, es schläft im Felsenschlosse
Den tiefen Schlaf der alte Barbarosse.
So lang' um seinen Berg die Raben schweben,
So lang' erwacht er nie zu neuem Leben.

Er träumt so bang in seinen Finsternissen
Vom gold'nen Lichte, dem man ihn entrissen;
Von Hohenstaufens altem Herrscherthrone,
Von Glanz und Macht und seinem Schmuck, der Krone.

Du deutsches Reich! Du liegst in gleichem Schlummer,
Im Angesicht den tausendjähr'gen Kummer.
Mit Deinem Kaiser hat man Dich begraben,
Und Dich umkrächzt der böse Schwarm der Raben.

Mag sie, die sich von Deinem Schmerze nähren,
Des Himmels zürnend Strafgericht verzehren!
Du selbst erwache aus des Grabes Nächten,
Den alten Glanz um Deine Stirn zu flechten!

Gib uns zurück, was wir mit Schmerz vermissen,
Das Reichspalladium, das man uns entrissen!
Dein ein'ges, einz'ges Banner wehe wieder
Im Morgenrot von Deutschlands Höh'n hernieder!

Sage: Hoffnungen auf eine Wiedergeburt des Reiches finden nach 1815 häufig Ausdruck in der Sage von Kaiser Friedrich I. (Barbarossa), der in einer Höhle im Kyffhäuser schläft und eines Tages erwachen wird, um das Reich zu retten. • *Reichspalladium:* Palladium: Schutzbild, schützendes Heiligtum.

EMANUEL GEIBEL

Türmerlied

Wachet auf! ruft uns die Stimme
Des Wächters von der hohen Zinne,
Wach auf du weites deutsches Land!
Die ihr an der Donau hauset,
Und wo der Rhein durch Felsen brauset,
Und wo sich türmt der Düne Sand,
Habt Wacht am Heimatsherd,
In treuer Hand das Schwert,
Jede Stunde
Zu scharfem Streit
Macht euch bereit,
Der Tag des Kampfes ist nicht weit.

Hört ihr's dumpf im Osten klingen?
Er möcht' euch gar zu gern verschlingen
Der Geier, der nach Beute kreist;
Hört im Westen ihr die Schlange?
Sie möchte mit Sirenensange
Vergiften euch den frommen Geist.
Schon naht des Geiers Flug,
Schon birgt die Schlange klug
Sich zum Sprunge,
Drum haltet Wacht
Um Mitternacht,
Und wetzt die Schwerter für die Schlacht.

Reiniget euch in Gebeten,
Auf dass ihr vor den Herrn könnt treten,
Wenn er um euer Werk euch frägt;
Keusch im Lieben, fest im Glauben
Lasst euch den treuen Mut nicht rauben;
Seid einig, da die Stunde schlägt.
Das Kreuz sei eure Zier,
Eu'r Helmbusch und Panier
In den Schlachten.

Wer in dem Feld
Zu Gott sich hält,
Der hat allein sich wohl gestellt.

Sieh herab vom Himmel droben,
Herr, den der Engel Zungen loben,
Sei gnädig diesem deutschen Land.
Donnernd aus der Feuerwolke
Sprich zu den Fürsten, sprich zum Volke,
Vereine sie mit starker Hand.
Sei du uns Fels und Burg,
Du führst uns wohl hindurch –
Hallelujah!
Denn dein ist heut
Und alle Zeit
Das Reich, die Kraft, die Herrlichkeit.

GEORG HERWEGH

Wiegenlied

»Schlafe, was willst du mehr?«
Goethe

Deutschland – auf weichem Pfühle
Mach' dir den Kopf nicht schwer!
Im irdischen Gewühle
Schlafe, was willst du mehr?

Lass' jede Freiheit dir rauben,
Setze dich nicht zur Wehr,
Du behältst ja den christlichen Glauben:
Schlafe, was willst du mehr?

Und ob man dir Alles verböte,
Doch gräme dich nicht zu sehr,
Du hast ja Schiller und Goethe:
Schlafe, was willst du mehr?

Dein König beschützt die Kamele
Und macht sie pensionär,
Dreihundert Taler die Seele:
Schlafe, was willst du mehr?

Es fechten dreihundert *Blätter*
Im Schatten, ein Sparterheer;
Und täglich erfährst du das Wetter:
Schlafe, was willst du mehr?

Kein Kind läuft ohne Höschen
Am Rhein, dem freien, umher:
Mein Deutschland, mein Dornröschen
Schlafe, was willst du mehr? –

Goethe: Herweghs »Wiegenlied« ist eine ins Politische gewendete Parodie eines Liebesliedes von Goethe (»Nachtgesang«, 1804): »O! gib, vom weichen Pfühle, / Träumend, ein halb Gehör! / Bei meinem Saitenspiele / Schlafe! was willst du mehr?« usw. • *Kamele ... pensionär:* bezieht sich auf von Fürsten belohntes Wohlverhalten von Dichtern, nicht zuletzt auf Ferdinand Freiligrath, der durch Gedichte mit exotischer Motivik und Thematik bekannt geworden war und dem der preußische König Friedrich Wilhelm IV. 1842 eine Pension in Höhe von 300 Talern jährlich ausgesetzt hatte. Freiligrath verzichtete allerdings 1844 darauf und trat für die Opposition ein.

HEINRICH HEINE

Nachtgedanken

Denk ich an Deutschland in der Nacht,
Dann bin ich um den Schlaf gebracht,
Ich kann nicht mehr die Augen schließen.
Und meine heißen Tränen fließen.

Die Jahre kommen und vergehn!
Seit ich die Mutter nicht gesehn,

Zwölf Jahre sind schon hingegangen;
Es wächst mein Sehnen und Verlangen.

Mein Sehnen und Verlangen wächst.
Die alte Frau hat mich behext,
Ich denke immer an die alte,
Die alte Frau, die Gott erhalte!

Die alte Frau hat mich so lieb,
Und in den Briefen, die sie schrieb,
Seh ich, wie ihre Hand gezittert,
Wie tief das Mutterherz erschüttert.

Die Mutter liegt mir stets im Sinn.
Zwölf lange Jahre flossen hin,
Zwölf lange Jahre sind verflossen,
Seit ich sie nicht ans Herz geschlossen.

Deutschland hat ewigen Bestand,
Es ist ein kerngesundes Land,
Mit seinen Eichen, seinen Linden,
Werd' ich es immer wiederfinden.

Nach Deutschland lechzt' ich nicht so sehr,
Wenn nicht die Mutter dorten wär;
Das Vaterland wird nie verderben,
Jedoch die alte Frau kann sterben.

Seit ich das Land verlassen hab',
So viele sanken dort ins Grab,
Die ich geliebt – wenn ich sie zähle,
So will verbluten meine Seele.

Und zählen muss ich – Mit der Zahl
Schwillt immer höher meine Qual,
Mir ist, als wälzten sich die Leichen
Auf meine Brust – Gottlob! sie weichen!

Gottlob! durch meine Fenster bricht
Französisch heit'res Tageslicht;
Es kommt mein Weib, schön wie der Morgen,
Und lächelt fort die deutschen Sorgen.

Zwölf Jahre: Heine schrieb das Gedicht im Sommer 1843; 1831 war er nach Paris übergesiedelt.

Zur Beruhigung

Wir schlafen ganz wie Brutus schlief –
Doch jener erwachte und bohrte tief
In Cäsars Brust das kalte Messer;
Die Römer waren Tyrannenfresser.

Wir sind keine Römer, wir rauchen Tabak.
Ein jedes Volk hat seinen Geschmack,
Ein jedes Volk hat seine Größe;
In Schwaben kocht man die besten Klöße.

Wir sind Germanen, gemütlich und brav,
Wir schlafen gesunden Pflanzenschlaf,
Und wenn wir erwachen, pflegt uns zu dürsten,
Doch nicht nach dem Blute unserer Fürsten.

Wir sind so treu wie Eichenholz,
Auch Lindenholz, drauf sind wir stolz;
Im Land der Eichen und der Linden
Wird niemals sich ein Brutus finden.

Und wenn auch ein Brutus unter uns wär',
Den Cäsar fänd' er nimmermehr,
Vergeblich würd' er den Cäsar suchen;
Wir haben gute Pfefferkuchen.

Wir haben sechs und dreißig Herr'n
(Ist nicht zuviel!) und einen Stern
Trägt jeder schützend auf seinem Herzen,
Und er braucht nicht zu fürchten die Iden des Märzen.

Wir nennen sie Väter, und Vaterland
Benennen wir dasjenige Land,
Das erbeigentümlich gehört den Fürsten;
Wir lieben auch Sauerkraut mit Würsten.

Wenn unser Vater spazieren geht,
Zieh'n wir den Hut mit Pietät;
Deutschland, die fromme Kinderstube,
Ist keine römische Mördergrube.

Das Gedicht trägt im Erstdruck in der Pariser Zeitung *Vorwärts!* vom 1. Juni 1844 den Untertitel bzw. die Widmung »An die deutschen Fürsten«.

Brutus schlief: hier und im folgenden Anspielungen auf William Shakespeares *Julius Cäsar* (vgl. II,2). • *sechs und dreißig Herr'n:* s. Anm. S. 106. • *Iden des Märzen:* Tag der Ermordung Cäsars (15. März) im Jahr 44 v. Chr.

Die schlesischen Weber

Vom Dichter revidiert

Im düstern Auge keine Träne,
Sie sitzen am Webstuhl und fletschen die Zähne:
Deutschland, wir weben Dein Leichentuch,
Wir weben hinein den dreifachen Fluch –
        Wir weben, wir weben!

Ein Fluch dem Gotte, zu dem wir gebeten
In Winterskälte und Hungersnöten;
Wir haben vergebens gehofft und geharrt,
Er hat uns geäfft und gefoppt und genarrt –
        Wir weben, wir weben!

Ein Fluch dem König, dem König der Reichen,
Den unser Elend nicht konnte erweichen,
Der den letzten Groschen von uns erpresst
Und uns wie Hunde erschießen lässt –
        Wir weben, wir weben!

Ein Fluch dem falschen Vaterlande,
Wo nur gedeihen Schmach und Schande,
Wo jede Blume früh geknickt,
Wo Fäulnis und Moder den Wurm erquickt –
Wir weben, wir weben!

Das Schiffchen fliegt, der Webstuhl kracht,
Wir weben emsig Tag und Nacht –
Altdeutschland, wir weben Dein Leichentuch,
Wir weben hinein den dreifachen Fluch,
Wir weben, wir weben!

Die für Heines Werk eher untypische direkte politische und soziale Anklage bezieht sich auf den blutig niedergeschlagenen Aufstand der verelendeten schlesischen Weber im Juni 1844. Der auch auf Flugblättern verbreitete Text erschien zuerst am 10. Juli 1844 in der Pariser Zeitung *Vorwärts!*; hier abgedruckt in der revidierten Fassung von 1845.

FERDINAND FREILIGRATH

Hamlet

Deutschland ist Hamlet! – Ernst und stumm
In seinen Toren jede Nacht
Geht die begrabne Freiheit um,
Und winkt den Männern auf der Wacht.
Dasteht die Hohe, blank bewehrt,
Und sagt dem Zaudrer, der noch zweifelt:
»Sei mir ein Rächer, zieh dein Schwert!
Man hat mir Gift ins Ohr geträufelt!«

Er horcht mit zitterndem Gebein,
Bis ihm die Wahrheit schrecklich tagt;
Von Stund' an will er Rächer sein –
Ob er es wirklich endlich wagt?
Er sinnt und träumt und weiß nicht Rat;
Kein Mittel, das die Brust ihm stähle!

Zu einer frischen, mut'gen Tat
Fehlt ihm die frische, mut'ge Seele!

Das macht, er hat zu viel gehockt;
Er lag und las zu viel im Bett.
Er wurde, weil das Blut ihm stockt,
Zu kurz von Atem und zu fett.
Er spann zu viel gelehrten Werg,
Sein bestes Tun ist eben Denken;
Er stak zu lang in Wittenberg,
Im Hörsaal oder in den Schenken.

Drum fehlt ihm die Entschlossenheit;
Kommt Zeit, kommt Rat – er stellt sich toll,
Hält Monologe lang und breit,
Und bringt in Verse seinen Groll;
Stutzt ihn zur Pantomime zu,
Und fällt's ihm einmal ein zu fechten:
So muss Polonius-Kotzebue
Den Stich empfangen statt des Rechten.

So trägt er träumerisch sein Weh,
Verhöhnt sich selber ins Geheim,
Lässt sich verschicken über See,
Und kehrt mit Stichelreden heim;
Verschießt ein Arsenal von Spott,
Spricht von geflickten Lumpenkön'gen –
Doch eine Tat! Behüte Gott!
Nie hatt' er Eine zu beschön'gen!

Bis endlich er die Klinge packt,
Ernst zu erfüllen seinen Schwur;
Doch ach – das ist im letzten Akt,
Und streckt ihn selbst zu Boden nur!
Bei den Erschlagnen, die sein Hass
Preis gab der Schmach und dem Verderben,
Liegt er entseelt, und Fortinbras
Rückt klirrend ein, das Reich zu erben. –

Gottlob, noch sind wir nicht so weit!
Vier Akte sahn wir spielen erst!
Hab' Acht, Held, dass die Ähnlichkeit
Nicht auch im fünften du bewährst!
Wir hoffen früh, wir hoffen spät:
O, raff' dich auf und komm zu Streiche,
Und hilf entschlossen, weil es geht,
Zu ihrem Recht der fleh'nden Leiche!

Mach' den Moment zu Nutze dir!
Noch ist es Zeit – drein mit dem Schwert,
Eh' mit französischem Rapier
Dich schnöd vergiftet ein Laert!
Eh' rasselnd naht ein nordisch Heer,
Dass es für sich die Erbschaft nehme!
O, sieh dich vor – ich zweifle sehr,
Ob diesmal es aus Norweg käme!

Nur ein Entschluss! Aufsteht die Bahn –
Tritt in die Schranken kühn und dreist!
Denk' an den Schwur, den du getan,
Und räche deines Vaters Geist!
Wozu dieses Grübeln für und für?
Doch – darf ich schelten, alter Träumer?
Bin ich ja selbst ein Stück von dir,
Du ew'ger Zauderer und Säumer!

Im Inhaltsverzeichnis der Gedichtsammlung *Ein Glaubensbekenntniß* datiert und lokalisiert: »St. Goar, April 1844.«

Hamlet: Die Deutung von Shakespeares Hamlet als eines zur Tat unfähigen Träumers, die sich bereits in Goethes Interpretation in *Wilhelm Meisters Lehrjahren* (1795/96) findet, wird nach dem Wiener Kongress zu einem häufig angeführten Symbol für das ›tatenarme‹ deutsche Wesen (und nach 1848 auch für die gescheiterte Revolution). Eine Reihe von Anspielungen auf das Drama finden sich im folgenden Text. • *Werg:* Abfallfasern bei der Flachs- und Hanfspinnerei. • *Polonius-Kotzebue:* Der Dramatiker Kotzebue war 1819 von dem Burschenschafter Karl Ludwig Sand ermordet worden, der ihn für einen Vaterlandsverräter und Spion gehalten hatte. Freiligrath verweist auf das Missverhältnis: statt eines Fürsten wird ein Dichter und Beamter (im russischen Dienst) Opfer eines politischen Mordes. • *weil:* solange. • *Rapier:* Fechtwaffe, Degen. • *ich zweifle sehr, / Ob diesmal es aus Norweg käme:* Anspielung auf Russland; vgl. Anm. S. 122.

Deutsche Einheit

Sämtliche Stämme vereint, welch undurchdringlicher Urwald!
Schad' nur, dass man den Wald noch vor den Bäumen nicht sieht.

Piepmeyer for ever

Grundrechte, Bundesstaat, Erbkaiser,
Reich, Einheit, Volks- und Staaten-Häuser –
Sie kamen all zur Ruh;
Das einzige Gelungne,
Das bleibend uns Errungne,
Piepmeyer, bist nur du!!

Das Fazit der Rechnung

Freiheit, Verfassung, Kaisertum,
Grundrechte, Einheit, Bundesstaat,
Im Innern Ruh, nach Außen Ruhm: …
Was bleibt zuletzt als Resultat?
Nur dieses: dass wir arme Toren
Von allem just so viel verloren,
Als wir, da wir den Anfang machten,
Von allem zu gewinnen dachten!

Die Epigramme kommentieren den deutschen Einigungsversuch durch die Nationalversammlung in der Frankfurter Paulskirche (1848/49).

Piepmeyer: Karikatur eines für alle Seiten offenen Paulskirchenparlamentariers, dokumentiert in der satirischen Skizzensammlung *Taten und Meinungen des Herrn Piepmeyer* (1848) von Johann Hermann Detmold und Adolf Schrödter.

ADOLF GLASSBRENNER

Sehnsucht nach Russland

Kennst Du das Land, wo die Karbatschen blühn,
Wo dunklen Aug's die Kaviarkörner glühn,
Ein feuchter Wind her von Sibirien weht,
Die Juchte still und hoch die Knute steht?
Kennst Du es wohl? Dahin, dahin
Möcht' ich mit Dir, mein Thadden-Trieglaff, ziehn!

Kennst Du das Haus: auf Schädeln ruht sein Dach,
Von Zähren glänzt des Zaren Goldgemach;
Kosaken stehn und grinsen so mich an:
Was hat man Dir, Du preuß'sches Kind getan?
Kennst Du es wohl? Dahin, dahin
Möcht' ich mit Dir, mein Thadden-Trieglaff, ziehn!

Kennst Du das Land, wo noch Konstitution
Befleckt nicht hat den alten Kettenthron;
Wo Sklaven liegen und der Galgen winkt
Jeglichem Sünder, der nach Freiheit ringt?
Kennst Du es wohl? Dahin, dahin
Geht unser Weg! O, Thadden, lass' uns ziehn!

Schreck von Rothstift

Dieser und der folgende Text erschienen zuerst 1848 in der Zeitschrift *Freie Blätter*; sie wurden dann in überarbeiteter Form in Glaßbrenners *März-Almanach* von 1849 wieder abgedruckt.

Russland: Russland galt als Inbegriff absolutistischer Herrschaft und der politischen Reaktion. • *Kennst Du das Land:* bezieht sich parodistisch auf Mignons Italienlied in Goethes Roman *Wilhelm Meisters Lehrjahre* (1795/96), III,1. • *Karbatschen:* Riemenpeitschen. • *Juchte:* Leder. • *Knute:* Peitsche; Symbol der Unterdrückung. • *Thadden-Trieglaff:* Adolf von T.-T. (1796–1882), preußischer Landtagsabgeordneter der äußersten Rechten. • *Konstitution:* Verfassung. • *Schreck von Rothstift:* bezieht sich parodistisch auf den preußischen Kriegsminister Ludwig Roth von Schreckenstein (1809–1858).

1–10

An Deutschlands bald'ger 1heit
Da 2fle ich noch sehr;
Ick jebe keenen 3er
4 diese Hoffnung her.
5 Nationalitäten
Sind, wo 6 Deutsche stehn,
Die Alle abzu7,
Gebt 8, det wird nich jehn:
Viel sind dem 9 noch abhold
Vom Scheitel bis zum 10.

Der Text steht unter der Rubrik »Aus dem Tagebuche eines Berliner Arbeiters«.

ROBERT PRUTZ

Deutsche Einheit

O Einigkeit, o Einigkeit,
O heil'ge deutsche Einigkeit!
Der Schwabe schimpft, der Sachse schreit,
Der Hesse stöhnt, der Pfälzer schmollt,
Hannover zählt sein englisch Gold –
O Einigkeit, o Einigkeit,
O die verfluchte Einigkeit!

O Einigkeit, o Einigkeit,
O heil'ge deutsche Einigkeit!
Es flucht der Bair: potz teure Zeit,
Haus Österreich ist nicht zu Haus,
Der Preuße weiß nicht ein noch aus,
Derweil der Russe steht bereit –
Das gibt dann so die Einigkeit!

englisch Gold: Zwischen Großbritannien und Hannover bestand eine Personalunion von 1714 bis 1837.

ADOLF FREIHERR VON LEUTRUM-ERTINGEN

Es blüht der deutschen Einheit echte Blume
Nur wirklich in des Deutschen Geistes Einheit,
Wo ob der Kunst und ob des Wissens Reinheit
Der Genius waltet in dem Heiligtume.

Dort steh', mein Volk, und wirke dir zum Ruhme,
Kein Fremder weis't dich dort hinab zur Kleinheit;
Dies Brot des Lebens wird nicht der Gemeinheit –
Dem Schwächling nur genügt davon die Krume.

Doch dir, geführet von des Geistes Walten,
Geeinet in der Sprache edlem Kerne,
Sei immer *stark* das reine Herz erhalten.

So folge mutig dem German'schen Sterne,
Und will dein Reich sich *außen* nicht gestalten –
Im *Geiste* geht's von Pol zu Poles Ferne.

Das dritte von fünf Sonetten, die die gemeinsame Überschrift »Dem deutschen Volke« tragen und auf März 1854 datiert sind.

EMANUEL GEIBEL

Deutschlands Beruf

1861

Soll's denn ewig von Gewittern
Am umwölkten Himmel brau'n?
Soll denn stets der Boden zittern,
Drauf wir unsre Hütten bau'n?
Oder wollt ihr mit den Waffen
Endlich Rast und Frieden schaffen?

Dass die Welt nicht mehr, in Sorgen
Um ihr leichterschüttert Glück,
Täglich bebe vor dem Morgen,
Gebt ihr ihren Kern zurück!

Macht Europas Herz gesunden
Und das Heil ist euch gefunden.

Einen Hort geht aufzurichten,
Einen Hort im deutschen Land!
Sucht zum Lenken und zum Schlichten
Eine schwerterprobte Hand,
Die den güldnen Apfel halte
Und des Reichs in Treuen walte.

Sein gefürstet Banner trage
Jeder Stamm, wie er's erkor,
Aber über alle rage
Stolzentfaltet eins empor,
Hoch, im Schmuck der Eichenreiser
Wall' es vor dem deutschen Kaiser.

Wenn die heil'ge Krone wieder
Eine hohe Scheitel schmückt,
Aus dem Haupt durch alle Glieder
Stark ein ein'ger Wille zückt,
Wird im Völkerrat vor allen
Deutscher Spruch aufs neu erschallen.

Dann nicht mehr zum Weltgesetze
Wird die Laun' am Seinestrom,
Dann vergeblich seine Netze
Wirft der Fischer aus in Rom,
Länger nicht mit seinen Horden
Schreckt uns der Koloss im Norden.

Macht und Freiheit, Recht und Sitte,
Klarer Geist und scharfer Hieb
Zügeln dann aus starker Mitte
Jeder Selbstsucht wilden Trieb,
Und es mag am deutschen Wesen
Einmal noch die Welt genesen.

Seinestrom ... Norden: Anspielungen auf Frankreich, den Papst und Russland.

FERDINAND VON SAAR

Viel gift'ge Zungen sind umsonst bemühet,
Germanien, zu schwärzen deine Lose,
Holdlächelnd stehest du im Weltgetose,
Von edler Sicherheit das Haupt umglühet.

O Land der Träume! ew'ge Jugend blühet
Aus deinem keuschen unentweihten Schoße,
Die Brust Europas schmückst du, eine Rose,
Die weit umher den süßen Duft versprühet.

Im Lichte wandeln deine blonden Söhne.
Und keine Sorge trübt ihr Aug', das blaue,
Und allen eigen ist die freie Miene.

Denn Sprache, Sitte und das ewig Schöne,
Verbinden fester die getrennten Gaue
Als einer Krone blitzende Rubine.

Das siebte von zwölf Sonetten aus dem Zyklus »Laien-Politik«, die 1861 entstanden; Teilveröffentlichungen erschienen 1872 und 1882. Das hier wiedergegebene Sonett folgt dem Text des von Jacob Minor edierten Autographs aus dem Nachlass.

FERDINAND FREILIGRATH

Hurrah, Germania!

25. Juli 1870

Hurrah, du stolzes schönes Weib,
Hurrah, Germania!
Wie kühn mit vorgebeugtem Leib
Am Rheine stehst du da!
Im vollen Brand der Juliglut,
Wie ziehst du risch dein Schwert!

Wie trittst du zornig frohgemut
Zum Schutz vor deinen Herd!
    Hurrah, hurrah, hurrah!
    Hurrah, Germania!

Du dachtest nicht an Kampf und Streit:
In Fried' und Freud' und Ruh'
Auf deinen Feldern, weit und breit,
Die Ernte schnittest du.
Bei Sichelklang im Ährenkranz
Die Garben fuhrst du ein:
Da plötzlich, horch, ein andrer Tanz!
Das Kriegshorn überm Rhein!
    Hurrah, hurrah, hurrah!
    Hurrah, Germania!

Da warfst die Sichel du ins Korn,
Den Ährenkranz dazu;
Da fuhrst du auf in hellem Zorn,
Tief atmend auf im Nu;
Schlugst jauchzend in die Hände dann:
Willst du's, so mag es sein!
Auf, meine Kinder, alle Mann!
Zum Rhein! zum Rhein! zum Rhein!
    Hurrah, hurrah, hurrah!
    Hurrah, Germania!

Da rauscht das Haff, da rauscht der Belt,
Da rauscht das deutsche Meer;
Da rückt die Oder dreist ins Feld,
Die Elbe greift zur Wehr.
Neckar und Weser stürmen an,
Sogar die Flut des Mains!
Vergessen ist der alte Span:
Das deutsche Volk ist Eins!
    Hurrah, hurrah, hurrah!
    Hurrah, Germania!

Schwaben und Preußen Hand in Hand;
Der Nord, der Süd Ein Heer!
Was ist des Deutschen Vaterland. –
Wir fragen's heut nicht mehr!
Ein Geist, Ein Arm, Ein einz'ger Leib,
Ein Wille sind wir heut!
Hurrah, Germania, stolzes Weib!
Hurrah, du große Zeit!
    Hurrah, hurrah, hurrah!
    Hurrah, Germania!

Mag kommen nun, was kommen mag:
Fest steht Germania!
Dies ist All-Deutschlands Ehrentag:
Nun weh' dir, Gallia!
Weh', dass ein Räuber dir das Schwert
Frech in die Hand gedrückt!
Fluch ihm! Und nun für Heim und Herd
Das deutsche Schwert gezückt!
    Hurrah, hurrah, hurrah!
    Hurrah, Germania!

Für Heim und Herd, für Weib und Kind,
Für jedes teure Gut,
Dem wir bestellt zu Hütern sind
Vor fremdem Frevelmut,
Für deutsches Recht, für deutsches Wort,
Für deutsche Sitt' und Art, –
Für jeden heil'gen deutschen Hort,
Hurrah! zur Kriegesfahrt!
    Hurrah, hurrah, hurrah!
    Hurrah, Germania!

Auf, Deutschland, auf, und Gott mit dir!
Ins Feld! der Würfel klirrt!
Wohl schnürt's die Brust uns, denken wir
Des Bluts, das fließen wird!
Dennoch das Auge kühn empor!
Denn siegen wirst du ja:

Groß, herrlich, frei, wie nie zuvor!
Hurrah, Germania!
    Hurrah, Victoria!
    Hurrah, Germania!

risch: munter, rasch. • *Span:* Zwist.

GEORG HERWEGH

Der schlimmste Feind

Februar 1871

Dies Volk, das seine Bäume wieder
Bis in den Himmel wachsen sieht
Und auf der Erde platt und bieder
Am Knechtschaftskarren weiter zieht;

Dies Volk, das auf die Weisheit dessen
Vertraut, der Ross und Reiter hält,
Und mit Ergebenheitsadressen
Frisch, fromm und fröhlich rückt ins Feld;

Dies Volk, das einst aus Cäsars Schüssel
Und Becher sich so gern erfrischt
Und sich, wie Mommsen, seinen Rüssel
An Cäsars Tischtuch abgewischt;

Dies Volk, das gegen Blut und Eisen
Jungfräulich schüchtern sich geziert,
Um schließlich den Erfolg zu preisen,
Womit man Straßburg bombardiert.

Dies Volk, das im gemeinen Kitzel
Der Macht das neue Heil erblickt
Und als »Erzieher« seine Spitzel
Den unterjochten »Brüdern« schickt.

Die Alten, Lieben, Wohlbekannten
Von anno Sechsundsechzig her,
Schafott- und Bundesbeil-Votanten,
Sie schüfen Deutschland? – Nimmermehr!

Sie werden mit verschmitzten Händen
Entreißen Euch des Sieges Frucht;
Sie werden Euren Lorbeer schänden,
Dass Euch die ganze Welt verflucht!

Frankreichs gekrönter Possenreißer
Wird nach Paris zurückgebracht;
Euch holt man einen Heldenkaiser
Aus mittelalterlicher Nacht.

Das Blut von Wörth, das Blut von Spichern,
Von Mars-la-Tour und Gravelotte,
Einheit und Freiheit sollt' es sichern –
Einheit und Freiheit? Großer Gott!

Ein Amboss unter *Einem* Hammer,
Geeinigt wird Altdeutschland stehn;
Dem Rausche folgt ein Katzenjammer,
Dass Euch die Augen übergehn.

Mit patriotischem Ergötzen
Habt Ihr Viktoria geknallt;
Der Rest ist Schweigen oder Lötzen,
Kriegsidiotentum, Gewalt.

Es wird die Fuchtel mit der Knute
Die heil'ge Allianz erneun:
Europa kann am Übermute
Siegreicher Junker sich erfreun.

Gleich Kindern lasst Ihr Euch betrügen,
Bis Ihr zu spät erkennt, o weh! –
Die Wacht am Rhein wird nicht genügen,
Der schlimmste Feind steht an der Spree.

Dieses Gedicht Herweghs erschien wie das folgende zuerst anonym in einer Wiener Zeitung (*Wiener Tages-Presse*, 2. und 14. Februar 1871), dann postum in den in Zürich gedruckten *Neuen Gedichten* (1877).

Mommsen: Theodor Mommsen (1817–1903), liberaler Historiker und Politiker, der nach dem Deutsch-Französischen Krieg seinen Widerstand gegen Bismarcks Politik aufgab. Seit 1861 Ordinarius an der Berliner Universität, Verfasser der berühmten *Römischen Geschichte* (1854–85). • *Cäsars Schüssel:* Cäsar bezeichnet jeden herrschenden Fürsten; bezieht sich wohl auf das – jedenfalls von Herwegh so eingeschätzte – unterwürfige Verhalten des Volkes gegenüber dem preußischen König. • *Straßburg bombardiert:* im August 1870. • *anno Sechsundsechzig:* preußischer Sieg über Österreich; Auflösung des Deutschen Bundes. • *Schafott- und Bundesbeil-Votanten:* bezieht sich auf eine Debatte im Reichstag des Norddeutschen Bundes 1870, bei der der Versuch scheiterte, die Todesstrafe abzuschaffen. • *Possenreißer:* Napoleon III. (1808–1873). Herwegh rechnete noch mit seiner Rückkehr auf den Thron; Napoleon III. starb im englischen Exil. • *Wörth ... Gravelotte:* Schlachtorte des Deutsch-Französischen Krieges. • *Lötzen:* In der Festung Boysen bei Lötzen in Ostpreußen wurden politische Gefangene inhaftiert. • *heil'ge Allianz:* 1815 gegründete Allianz zwischen Russland, Österreich und Preußen, die die Mitglieder zu einem christlich-patriarchalischen Regiment und solidarischer Außenpolitik verpflichtete. • *Wacht am Rhein:* s. S. 114.

Epilog zum Kriege

Februar 1871

Germania, der Sieg ist Dein!
Die Fahnen wehn, die Glocken klingen,
Elsass ist Dein und Lotharingen;
Du sprichst: »Jetzt muss der Bau gelingen,
Bald holen wir den letzten Stein.«

Gestützt auf Deines Schwertes Knauf,
Lobst Du in frommen Telegrammen
Den Herrn, von dem die Herren stammen,
Und aus Zerstörung, Tod und Flammen
Steigt heiß Dein Dank zum Himmel auf.

Nach vier und zwanzig Schlachten liegt
Der Feind am Boden, überwunden;
Bis in die Stadt voll Blut und Wunden,
Die keinen Retterarm gefunden,
Brichst Du Dir Bahn – Du hast gesiegt!

Schwarz, weiß und rot! um Ein Panier
Vereinigt stehen Süd und Norden;
Du bist im ruhmgekrönten Morden
Das erste Land der Welt geworden:
Germania, mir graut vor Dir!

Mir graut vor Dir, ich glaube fast,
Dass Du, in argen Wahn versunken,
Mit falscher Größe suchst zu prunken
Und dass Du, gottesgnadentrunken,
Das Menschenrecht vergessen hast.

Schon lenkt ein Kaiser Dich am Zaum,
Ein strammer, strenger Szepterhalter.
Hofbarden singen ihre Psalter
Dem auferstandnen Mittelalter,
Und 89 wird ein Traum.

Ein Traum? Du sahst, wie Frankreich fiel
Durch einen Cäsar, sahst die Sühne
Vollzogen auf der Schreckensbühne –
Deutschland, gedeihe, wachse, grüne
Geläutert durch dies Trauerspiel!

Und 89: die Französische Revolution von 1789.

EDUARD MÖRIKE

In Gedanken an unsre deutschen Krieger

Bei euren Taten, euren Siegen
Wortlos, beschämt, hat mein Gesang geschwiegen;
Und Manche, die mich darum schalten,
Hätten auch besser den Mund gehalten.

Entstanden im März 1871. Im Juli 1871 als Faksimile in der vierten Folge von Franz Lipperheides Sammlung *Lieder zu Schutz und Trutz. Gaben deutscher Dichter aus der Zeit des Krieges in den Jahren 1870 und 1871* (Berlin 1871) gedruckt.

AUGUST HEINRICH HOFFMANN VON FALLERSLEBEN

An die deutschen Kriegspoeten von 1870 und 1871

An Goethes Geburtstage (28. August) 1872

Ihr habt gezwitschert und gesungen,
Ihr habt geschrieen und gebrüllt;
Gefochten habt ihr mit den Zungen,
Und was ihr wolltet, ward erfüllt.

Dank euch! ihr habt mit beigetragen,
Dass uns ein Deutsches Reich erstand;
Doch eine größre Schlacht zu schlagen,
Verlanget jetzt das Vaterland.

Des Geistes Freiheit zu erringen,
Des Deutschen Reiches Fortbestehn:
Dafür zu dichten und zu singen,
Lohnt sich's, in Kampf und Tod zu gehn.

Ihr schweigt in diesen ernsten Tagen,
Gleichgültig sitzet ihr daheim;
Ihr seid wie auf das Maul geschlagen
Und wagt für Deutschland keinen Reim.

FRIEDRICH STOLTZE

Die Wacht am Rhein

1872

Die Wacht am Rhei, – merr hat kää Ruh,
Merr heert se alsfort brille.
Merr wisse's ja, zum Deiwel zu,
Un ääch um Gotteswille.

Heint Nacht um Zwelf ehrscht schlaf ich ei,
Da stolpern Zwää voriwwer
Un brille laut die Wacht am Rhei,
So dass ich uffwach driwwer.

Ich haww' en ääch mein Dank gezollt:
»Ihr Männer ihr, ihr brave!
Wacht ihr am Rhei, so viel derr wollt,
In Frankfort lasst mich *schlafe*!«

Die Aktualität von Schneckenburgers Lied (s. S. 114) belegt eine Publikation aus dem Jahr 1871, die neben Schneckenburgers Text voll Stolz zahlreiche Übersetzungen abdruckt (hebräisch, griechisch, lateinisch, französisch, englisch usw.): *Die Wacht am Rhein, das deutsche Volks- und Soldatenlied des Jahres 1870*, hrsg. von Georg Scherer und Franz Lipperheide, Berlin 1871.

JULIUS GROSSE

Reichslied

Ein' feste Burg ist unser Reich,
Ein' gute Wehr und Waffen;
Es schirmt uns treu und wird zugleich
Der Welt den Frieden schaffen.
Der alte wälsche Feind
Mit Ernst hat's gemeint,
Groß' Macht und List fürwahr
Sein' grausam' Rüstung war,
Und dünkte sich keines Gleichen.

Mit seiner Macht ist nichts getan,
Sie ist gar bald verloren;
Es streitet gegen Trug und Wahn
Ein Held, den Gott erkoren.
Fragst du, wie er heißt?
Es ist der deutsche Geist,

Der deutsche Heldenmut
Voll hoher Freiheitsglut;
Das Feld muss er behalten!

Und wenn die Welt voll Wälschen wär'
Und wollt' uns gar verschlingen,
So fürchten wir uns nicht so sehr,
Es muss uns doch gelingen!
Der Zorn aller Welt,
Wie schnaubend er sich stellt,
Tut er uns doch nichts.
Im Blitz deutschen Lichts
Wird ihn das Wetter fällen!

Das Reich sie sollen lassen stahn,
Und kein'n Dank dazu haben,
Gott ist bei uns wohl auf dem Plan
Mit seinem Geist und Gaben.
Nehmen sie uns die Ehr',
Lästern sie unsre Wehr –
Lass lästern immerhin,
Sie haben's kein Gewinn,
Das Reich muss uns doch bleiben!

Preis, Ehr' und Lob dem höchsten Gott,
Und dreifach Heil dem Kaiser,
Der mit uns teilte Krieg und Not
Als Vater und als Weiser.
Heil auch dem deutschen Geist,
Von Nacht er uns reißt,
Zum Reich er uns heißt,
Den Weg zum Frieden weist,
Der helf' uns fröhlich, Amen!

Beitrag zum Kulturkampf zwischen Preußen und der katholischen Kirche aus einem *Gegen Rom! Zeitstimmen Deutscher Dichter* (1874) betitelten, auflagenstarken Bändchen vor der Folie von Luthers »Ein feste Burg ist unser Gott«.

FELIX DAHN

Thors Hammerwurf

Thor stand am Mitternacht-Ende der Welt,
Die Streitaxt warf er, die schwere:
»So weit der sausende Hammer fällt,
Sind mein das Land und die Meere!« –
Und es flog der Hammer aus seiner Hand,
Flog über die ganze Erde,
Fiel nieder an fernsten Südens Rand,
Dass alles sein eigen werde.
Seitdem ist's freudig Germanen-Recht,
Mit dem Hammer Land zu erwerben:
Wir sind von des Hammer-Gottes Geschlecht
Und wollen sein Weltreich erben.

Thors Hammerwurf: An den Hammer des germanischen Donnergottes (Donar), der zugleich Gott der Bauern war, erinnerte nach der Sage der Brauch, bei einer neuen Ansiedlung die Grenzen durch einen Hammerwurf zu bestimmen.

Lied der Deutschen jenseit der Meere

1887

Noch ist die Welt nicht ganz verteilt!
Noch manche Flur auf Erden
Harrt gleich der Braut: die Hochzeit eilt:
Des Starken will sie werden.
Noch manches Eiland lockt und lauscht
Aus Palmen und Bananen:
Der Seewind braust, die Woge rauscht,
Auf! freudige Germanen!
Aufs Meer, du Volk des Heldentums,
Und such' auf blauen Bahnen
Das Wundereiland alten Ruhms:
Das Win-Land deiner Ahnen.
Dem Wiking war zu schroff kein Riff,
Zu schäumig keine Brandung:

Kraft stieß hindurch das Drachenschiff
Und Mut erzwang die Landung.
Zur Friedensarbeit zieh'n wir aus,
Zu bauen, nicht zu fechten,
Doch blitzend schützt uns Schiff und Haus
Das Schwert in uns'rer Rechten!
Und dass wir in der neuen Welt
Dem alten Reiche leben,
Dess' soll, unscheidbar uns gesellt,
Ein Banner Zeugnis geben:
Pflanzt auf dies rauschende Panier
In jedes Neulands Brache:
Wohin wir wandern tragen wir
Mit uns die deutsche Sprache.

Win-Land: Winland oder Vinland, das von den Wikingern um 1000 entdeckte Nordamerika.

FERDINAND VON SAAR

Germania

O, wie liebt' ich dich einst, jetzt so gewalt'ges Volk,
Als uneinig du noch träumtest von Einigung –
Und von Rotbarts Erwachen,
Der da still im Kyffhäuser schlief;

Als du gern noch gelauscht Liedern voll keuscher Glut,
Deinen Eichen verglichst fromm die german'sche Treu',
Und in leuchtender Reinheit
Deine Frau'n sich den Sinn bewahrt.

Damals freilich noch nicht schallte dein »Quos ego!«
Doch im Kreise der Welt übtest du stille Macht,
Denn aus tiefstem Gemüte
Wuchs dein Wesen und ganzes Sein.

Ob bespöttelt du auch wurdest als tatenlos:
Deinem *Denken* gereicht hat man die Palme stets,
Und ureigen erblühten
Deutsche Sitte und deutsche Kunst.

Sieghaft, drohenden Blicks, starrst du von Waffen nun,
Und Europa gehorcht, wenn du auch nicht befiehlst;
Deine grimmigsten Feinde,
Niederhält sie die bleiche Furcht.

Ja, man fürchtet und preist weithin des Reiches Macht,
Doch man beugt sich nicht mehr willig dem deutschen *Geist* –
Und wer preist noch – du selbst nicht! –
Deutsche *Liebe* und deutsches *Herz*?

Vgl. auch von Saars früheres Gedicht S. 138.

»*Quos ego!*«: (lat.) »Euch will ich …« (als Drohung).

FRIEDRICH LIENHARD

Deutsche Weltmacht

Ich seh' durch blaue Nacht den Erdball rollen
Und seh' die lichten Flecken des Planeten:
Es sind die Länder, draus wir blühen sollen.

Und näher! Auf den Meeren seh' ich Scharen
Grau-kleiner Punkte, die wie Möwen fliegen:
Es sind die Schiffe, die durchs Weltmeer fahren.

Und näher noch: ein vielbevölkert Land
Und viel Getümmel seh' ich in den Städten,
Doch allzu stumm den langen, langen Strand!

Dass Kraft und Luft und Licht in Deutschland wäre!
Oh, möchten sich wie hundert Schwäne wiegen,
Wie Strahlen unsrer Kraft, wie Adler fliegen
Einhundert Panzer auf beherrschtem Meere!

Der Text erschien in Lienhards Gedichtsammlung *Burenlieder* (1900) während des Burenkriegs (1899–1902) als Heft 2 der »Flugschriften für die Heimat«. Die Hälfte des Reingewinns für jedes Exemplar (Erstauflage 5000) sollte an die »Burensammlung« abgeführt werden, versprach das Titelblatt. Trotz der Propaganda kam es zu keiner Intervention des Reiches.

ARTHUR VON WALLPACH

»Fatherland«

Wir sind von altem Reckenblut,
Die wir aus Nordland stammen,
Und trennt uns Zwang und Meeresflut,
Uns hält *ein Geist* zusammen.
Wohlan, ein Gott, ein Volk, ein Reich,
Vom Kapland bis zum Friesendeich,
Von Argentiniens Weizenflur
Bis in die Wolganied'rung nur!
Denn, ob uns Fremdlingshass entzweit:
In Taten wie Gedanken
Eint uns in hehrer Herrlichkeit
Ein Deutschland ohne Schranken!

Ob Sachsland, Steiermark, Tirol,
Ob Buren oder Flamen,
Blutsbrüder sind wir all', wiewohl
Verschieden sind die Namen.
Ob Hochland oder Niederland,
Wir sind wie Finger einer Hand,
Vereinzelt schwach, doch voll Gewalt,
Wenn Einheit sie zur Faust geballt.
Drum, ob uns Wal' ob Slaw' bedräut,
Wir wollen nimmer wanken,
Dann schenkt uns Gott in Herrlichkeit
Ein Deutschland ohne Schranken!

»Fatherland«: Anmerkung Wallpachs: »Der britische Spottname für Deutschland!« • *Wal':* Walache; Walachen: Sammelbezeichnung für romanischsprachige Volksgruppen in Südosteuropa.

ERNST VON WILDENBRUCH

Neue Welt

Horcht! Glockenruf im ew'gen Dom der Zeit!
Die Weltenuhr hat Stunde angeschlagen,
Ein neuer Tag schmückt euch mit neuem Kleid!
Tut ab das alte Schlafgewand, das Zagen.

Zu enge ward das bürgerliche Haus,
Das wir bewohnt. Sorgt, dass es weiter werde,
Kommt aus den Mauern in die Welt heraus.
Das Haus des Menschen ist die ganze Erde.

Wer heute schläft, verschläft sie immerdar,
Teilung der Welt wird zweimal nicht geboten.
Wer heut zum großen Tun zu träge war,
Sinkt morgen unerbittlich zu den Toten.

Deutschland, sei wach! Die Zukunft und das Recht
Trägst du im Schoß zukünft'ger Millionen.
Sie werden einst dem heutigen Geschlecht
Mit Segen danken oder Flüchen lohnen.

Der Abdruck in der Gesamtausgabe vermerkt: »Für die Kolonialnummer der ›Jugend‹, 16. März, 1907«.

DETLEV VON LILIENCRON

Deutschland

Hundert Jahre sind es bald,
Als Despot Napoleon,
Weggehaun und weggeknallt,
Lief auf Leipzigs Feld davon.
    Guten Schluss gemacht
    Hat die Völkerschlacht,
    Und er hatte seinen Lohn.

Einmal noch, nach manchem Jahr,
Will der Franzmann unsern Rhein;
Der teutonische Barbar
Jagt ihn über Stock und Stein.
    Sedan, hoch! Hurra!
    Und mit Gloria
    Drangen wir in Welschland ein.

Deutschland einig! Nord und Süd!
Hand in Hand und Brust an Brust!
Kaiser Wilhelm, niemals müd,
Bis zum Tode pflichtbewusst.
    Und des Kanzlers Kraft
    Mit dem Eisenschaft,
    Steht breitbeinig wie Granit.

Komm, wer will, nur jetzt heran;
Wenn die Welt uns auch umgraust,
Unser Kaiser obenan
Zeigt dem Teufel seine Faust.
    Friede soll es sein!
    Bricht der Feind herein,
    Wird gepackt er und zerzaust.

Ruh nicht aus, mein Vaterland!
Stark zu Lande, stark zu Meer!
Duck dich nie! Pass auf am Strand!
Lass den Finger am Gewehr!
    Deiner Flotte Hut
    Schützt die Küste gut,
    Schützt den ruhigen Verkehr.

Mächtig muss die Flotte sein,
Rings gesehn im Ozean.
Morgenrot und Mittagsschein
Glühn auf ihrer Flaggenbahn.
    Vorwärts! Auf! Es gilt!
    Halten wir den Schild
    Über Deutschlands flüggen Schwan.

Sedan: Anspielung auf die Schlacht bei Sedan im Deutsch-Französischen Krieg (1. September 1870). • Kaiser Wilhelm: Wilhelm I., 1871–88 deutscher Kaiser. • *des Kanzlers Kraft:* der ›eiserne‹ Kanzler Otto von Bismarck (1815–1898), 1890 entlassen. • *Flotte:* Seit 1898 betrieb das Reich ein großes Flottenbauprogramm.

JOHANNES R. BECHER

Deutschland

Ein Gymnasialdirektor stelzt im Grunewalde.
Ein Weib spaziert im Dunkel, grünlich und zernagt.
Ein kleiner Fürst kommt an, ganz Wichs und Bügelfalte.
Der Reichstag ward zum fünften Male heut vertagt.
Es steigen weiße Straßen, jubelnd im Geglänze
Erwachten Frühjahrs. Finster streift Napoleons
Schatten. Starr im Schein der fahlen Flammenkränze
Bewachen Batterien einen Hügelthron.

Schwer wird's, sich als Deutschen zu bekennen,
Nicht nach den Landschaften Frankreichs zu brennen,
Nach Paris nicht, unserem rosenen Kindheitstraum.
Wir leben in einem kalten rechteckigen Raum.

Ein Kritiker hat einen Dichter totgeschwiegen.
Kleists Dämon höhnisch aus verworrenem Schilfrohr grinst.
In wüsten Knäueln kotzend die Betrunkenen liegen,
Derweil ein grüner Mond in schwarze Lachen blinzt.
Auf vollem Platze sich die dumpfen Trommeln rühren.
Es ziehen bunte Haufen johlend zur Bastille.
Die Priester hetzen auf die Schar zu blutigen Schwüren.
Die weiße Dame reicht mit spitzen Fingern Pillen.

Schwer wird's, sich als Deutschen zu bekennen,
Nicht nach den Landschaften Frankreichs zu brennen,
Nach Paris nicht, unserem rosenen Kindheitstraum.
Wir leben in einem kalten rechteckigen Raum.

Mit Richard Wagner heult ein arges Pack besessen.
Die plumpen Autobusse zeigen wenig Eile.
Die Schildwache entschläft. Das Volk hat nichts zu fressen.
Ein blonder Staatsminister starb an Langerweile.
Die Fahne aber flattert stolz der Republik.
Paris beschließt der heiligen Städte ewigen Bund.
Ihr fabelhafter Ruhm erschallt von Mund zu Mund.
Paris springt auf, ein Tier, ertötend mit dem Blick.

Schwer wird's, sich als Deutschen zu bekennen,
Nicht nach den Schönheiten Frankreichs zu brennen,
Nach Paris nicht, unserem rosenen Kindheitstraum.
Wir leben in einem kalten rechteckigen Raum.

Die Gedichte des Bandes *Verfall und Triumph* (1914), dem der Text entnommen ist, entstanden »in der Zeit von Dezember 1912 bis zum November 1913«, wie es in einer Vorbemerkung heißt.

blinzt: blinzelt.

RUDOLF ALEXANDER SCHRÖDER

Deutscher Schwur

Heilig Vaterland
In Gefahren,
Deine Söhne stehn,
Dich zu wahren.
Von Gefahr umringt,
Heilig Vaterland,
Schau, von Waffen blinkt
Jede Hand.

Ob sie dir ins Herz
Grimmig zielen,
Ob dein Erbe sie
Dreist beschielen,

Schwören wir bei Gott
Vor dem Weltgericht:
Deiner Feinde Spott
Wird zunicht.

Nord und Süd entbrennt,
Ost und Westen;
Dennoch wanken nicht
Deine Festen.
Heilig Herz, getrost,
Ob Verrat und Mord
Dräue West und Ost,
Süd und Nord.

Bei den Sternen steht,
Was wir schwören;
Der die Sterne lenkt,
Wird uns hören:
Eh der Fremde dir
Deine Kronen raubt,
Deutschland, fallen wir
Haupt bei Haupt.

Heilig Vaterland,
Heb zur Stunde
Kühn dein Angesicht
In die Runde.
Sieh uns all entbrannt,
Sohn bei Söhnen stehn:
Du sollst bleiben, Land!
Wir vergehn.

RICHARD DEHMEL

Gebet ans Volk

Dank dem Schicksal, Volk in Waffen,
Deutschland gegen alle Welt!
Nicht um Beute zu erraffen,
uns hat Gott zum Kampf geschaffen,
rein zum Kampf im Ehrenfeld,
        Heldenvolk!

Ja, so sind wir stark geworden;
Volk, bewähr es in der Not!
Lüstern nahn die fremden Horden,
um zu plündern, um zu morden;
nun sei stärker als der Tod,
        sei dir treu!

Was sind Hab und Gut und Leben?
alles Dinge, die vergehn!
Dass wir vor Begeistrung beben,
wenn wir uns zum Kampf erheben,
das wird ewig fortbestehn,
        das will Gott!

Gott ist Mut in Kümmernissen,
ist das Edle, das uns treibt:
Ehre, Treue, Zucht, Gewissen!
Volk, drum fühlst du hingerissen,
dass dein Geist unsterblich bleibt:
        Geist von Gott!

Er verlieh dir Macht und Rechte;
sieh, nun prüft er deine Kraft!
Alles Schlimme, alles Schlechte,
Räuber, Söldner, Schufte, Knechte,
hat er plötzlich aufgerafft
        um dich her!

Über Jedem blitzt das Eisen,
das ihn auf die Probe stellt.
Freu dich, Volk, wir wolln erweisen,
dass du wert bist, dich zu preisen
über alles in der Welt,
deutsches Volk!

ERNST LISSAUER

Führer

An den Grenzen im Westen und Osten,
An beiden Meeren, entlang den Strand,
Erdharte Wolken lagern, Land überm Land,
Himmlische Mannschaft steht in Lüften auf Posten.

Luther, der Landsknecht Gottes, mit reisiger Bibel bewehrt,
Bach, vorbetend preisende Orgelgesänge,
Kant, gewappnet mit Pflicht, gewappnet mit Strenge,
Schiller, die mächtige Rede schwingend als malmendes Schwert,

Beethoven, von kämpfenden Erzmusiken umdröhnt,
Goethe, kaiserlich ragend, von Tagewerksonne gekrönt,
Bismarck, großhäuptig, geharnischt, pallaschbereit,
Des ewigen Bundes Kanzler in Ewigkeit,

Seht sie gedrängt verdämmern in Ferneschein,
Dürer und Arndt und Hebbel, Peter Vischer und Kleist und Stein.
Rings über Deutschland stehn sie auf hoher Wacht,
Generalstab der Geister, mitwaltend über der Schlacht.

Erstdruck: *Vossische Zeitung*, 4. September 1914.

reisiger: zum Krieg gerüsteter. • *pallaschbereit:* Pallasch: schwerer Säbel. • *Vischer:* Peter Vischer d. Ä. (um 1460–1529), Nürnberger Erzgießer. • *Stein:* Karl Reichsfreiherr vom und zum Stein (1757–1831), preußischer Reformpolitiker.

WILL VESPER

Der deutsche Gott

Deutschlands Feinde fragen voll Spott:
»Ihr Deutsche ruft und betet zu Gott
um Hilfe im Streite.
Ihr habt wohl einen besonderen Gott,
den wir nicht kennen,
auf eurer Seite?«

»Ja!« ruft ganz Deutschland, »und kennt ihr ihn nicht,
so wollen wir ihn euch nennen:
Der Gott, der aus unsren Kanonen spricht,
der Gott, der eure Festen zerbricht,
der auf unsern Schiffen das Meer durchbraust,
mit unsern Fliegern am Himmel saust,
der Gott unsrer Schwerter, vor dem euch graust,
es ist der gleiche allmächtige Geist,
der schon Jahrtausende lang
über Deutschland kreist,
durch all unser Leben webt und braut,
auf dem wir alle auferbaut!

– Wotan, der alte Wolkenwandrer
unsrer Väter, war Er und kein andrer.
Er war es, in dem Herr Walter sang,
er war es, in dem Martin Luther stritt,
der Gott, der mit uns Elend litt,
und doch im Finstern blieb hell und wach
in Paul Gerhardt und Johann Sebastian Bach,
der Gott, der mit Friedrich zu Felde lag,
und uns brachte am Ende den neuen Tag,
der uns schickte ins Land
die Morgenröte:
Lessing und Kant,
bis die Sonne am Himmel stand:
Johann Wolfgang Goethe
und alle die Geister,

unsterbliche Meister,
um ihn her!

– Das alles war ER!
der Gott, zu dem wir heute flehn,
der uns mit himmlischem Feuer speist,
Deutschlands heiliger Geist!
DEN
müßt ihr bestehn!«

23. September 1914

Herr Walter: Walther von der Vogelweide. • *Friedrich:* Friedrich II. von Preußen.

KARL BRÖGER

Bekenntnis

Von einem Arbeiter

Immer schon haben wir eine Liebe zu dir gekannt,
bloß wir haben sie nie mit einem Namen genannt.
Als man uns rief, da zogen wir schweigend fort,
auf den Lippen nicht, aber im Herzen das Wort
Deutschland!

Unsre Liebe war schweigsam; sie brütete tiefversteckt.
Nun ihre Zeit gekommen, hat sie sich hochgereckt.
Schon seit Monden schirmt sie in Ost und West dein Haus,
und sie schreitet gelassen durch Sturm und Wettergraus,
Deutschland!

Daß kein fremder Fuß betrete den heimischen Grund,
stirbt ein Bruder in Polen, liegt einer in Flandern wund.
Alle schützen wir deiner Grenze heiligen Saum.
Unser blühendstes Leben für deinen dürrsten Baum,
Deutschland!

Immer schon haben wir eine Liebe zu dir gekannt,
bloß wir haben sie nie mit einem Namen genannt.
Herrlich offenbarte es erst deine größte Gefahr,
daß dein ärmster Sohn auch dein getreuester war.
Denk es, o Deutschland!

Zuerst im *Simplicissimus* vom 12. Januar 1915 erschienen, dann mit kleineren Varianten in verschiedenen Gedichtsammlungen Brögers.

ERIKA SPANN-RHEINSCH

Nun, Knabe, kommt es auf dich an!

Waffenstillstand 1918

Nun, Knabe, kommt es auf dich an!
Das deutsche Erbe ist vertan,
Zerstoben ist das deutsche Heer,
Verloren ist das deutsche Meer,
Die deutschen Grenzen sind zerfetzt –
Du, Knabe, du bist Deutschland jetzt!

Du, Knabe, blutgeäugt und blond,
In dir blüht Deutschlands Wonnemond:
Es ist wie du so jugendstark,
Treu, rein und lauter bis ins Mark,
Es reift zum Sieg, bist du ein Mann –
Nun, Knabe, kommt es auf dich an!

Nach Angaben der Verfasserin zuerst im *Brünner Tagesboten* Ende 1918 erschienen, dann in ihrem Band *Trutznachtigall* (1919).

De profundis

14. Juli 1919

Aus tiefster Not schrein wir zu Gott.
Herr, laß uns nicht verderben,
Ein ganzes Volk kniet vorm Schafott,
Ein ganzes Volk soll sterben!
Du, dessen Huld die Hand erhält,
Die uns zerpeitscht mit Ruten,
Laß Deutschland, laß das Herz der Welt
Doch nicht verbluten!

Ein Vaterunser wie bisher
Kann nicht aus Deutschland steigen.
»Vergib uns unsre Schuld.« – Nicht *mehr*,
Nicht weiter! Laß uns schweigen, –
Unmenschliches verlangst du nicht,
Ein Volk, das so zertreten,
Kann dein Gebet von da ab nicht
Zu Ende beten!

Um Gnade flehen wir nicht mehr, –
Du hast sie so verschwendet,
Daß deine Hand dem Volke leer,
Das jammervoll verendet,
Wir schreien um Gerechtigkeit,
Wir mußten uns doch wehren,
Wie kannst ein schuldlos Volk du heut
Dafür entehren?!

DIETRICH ECKART

Sturm, Sturm, Sturm!
Läutet die Glocken von Turm zu Turm!
Läutet, dass Funken zu sprühen beginnen,
Judas erscheint, das Reich zu gewinnen,
Läutet, dass blutig die Seile sich röten,
Rings lauter Brennen und Martern und Töten.
Läutet Sturm, dass die Erde sich bäumt
Unter dem Donner der rettenden Rache.
Wehe dem Volke, das heute noch träumt,
Deutschland, erwache!

Sturm, Sturm, Sturm!
Läutet die Glocken von Turm zu Turm!
Läutet die Männer, die Greise, die Buben,
Läutet die Schläfer aus ihren Stuben,
Läutet die Mädchen herunter die Stiegen,
Läutet die Mütter hinweg von den Wiegen.
Dröhnen soll sie und gellen die Luft,
Rasen, rasen im Donner der Rache.
Läutet die Toten aus ihrer Gruft,
Deutschland, erwache!

Ursprünglich erschien 1919 nur die hier an zweiter Stelle stehende Strophe unter dem Titel »Feuerjo« in der von Eckart hrsg. »Wochenschrift für Ordnung u. Recht« *Auf gut deutsch* (1. Jg., Nr. 44/45, 30. Dezember 1919); 1922 schrieb Eckart eine weitere Strophe, die an den Anfang rückte. In dieser Form wurde das Lied in der SA gesungen.

BERTOLT BRECHT

Deutschland, du Blondes, Bleiches
Wildwolkiges mit sanfter Stirn!
Was ging vor in deinen lautlosen Himmeln?
Nun bist du das Aasloch Europas.

Geier über dir!
Tiere zerfleischen deinen guten Leib
Dich beschmutzen die Sterbenden mit ihrem Kot
Und ihr Wasser
Näßt deine Felder. Felder!

Wie sanft deine Flüsse einst!
Jetzt vergiftet von lila Anilin!
Mit nackten Zähnen raufen
Die Kinder das Getreide aus vor
Hunger
Aber die Ernte schwimmt in das
Stinkende Wasser!

Deutschland, du Blondes, Bleiches
Nimmerleinsland! Voll von
Seligen! Voll von Gestorbenen!
Nimmermehr, nimmermehr
Schlägt dein Herz, das vermodert
Ist, das du verkauft hast
Eingepökelt in Salz von Chile
Und hast dafür
Fahnen erhandelt!

O Aasland, Kümmernisloch!
Scham würgt die Erinnerung
Und in den Jungen, die du
Nicht verdorben hast
Erwacht Amerika!

Anilin: Flüssigkeit, die seit der zweiten Hälfte des 19. Jahrhunderts industriell zur Herstellung von Farbstoffen genutzt wurde.

KURT TUCHOLSKY

Deutsches Lied

Blasse Kinder auf dem Hof
(Nebenstraße – Westen)
machen einen kleinen Schwof
neben Müllschuttkästen.
Käse-Teint und bleicher Schopf.
Dürftiges Grün im Blumentopf
auf zwei Fensterbrettern.
Und die Stimmchen klettern:
    Kaserne! Kaserne!
    Sonne, Mond und Sterne!
    Achtung! Richtung! Vordermann!
    Du – bist – dran – !

Tief geduckt im Ziegelbau
hinter wuchtigen Laden
sitzen krumm, in Kitteln blau,
unsre Kameraden.
Staatsanwalt, der schikaniert,
Wärter, der sie malträtiert.
Ihre Stimmen leiern
in Preußen und in Bayern:
    Kaserne! Kaserne!
    Sonne, Mond und Sterne!
    Achtung! Richtung! Vordermann!
    Du – bist – dran – !

Deutscher Gram und deutsches Leid.
Ämter ohne Ende.
Wucher, den ein Staat gefeit,
und immer graue Wände.
Wir sind schuld. Ein Schrei, der gellt.
Aber draußen liegt die Welt.
Wir sind ganz alleine.
Und hören nur dies eine.

Kaserne! Kaserne!
Sonne, Mond und Sterne!
Achtung! Richtung! Vordermann!
Du – bist – dran – !

Zuerst 1923 in der *Weltbühne* erschienen.

Sonne, Mond und Sterne: Zeile aus dem Kinderlied »Laterne, Laterne«. • *Wucher, den ein Staat gefeit:* bezieht sich auf die Inflation, die vom Staat geschützt worden sei (gefeit: geschützt, fest gemacht), d.h. gegen die er zu lange keine Maßnahmen ergriffen habe.

KLABUND

Deutsches Volkslied

Es braust ein Ruf wie Donnerhall,
dass ich so traurig bin.
Und Friede, Friede überall,
das kommt mir nicht aus dem Sinn.

Kaiser Rotbart im Kyffhäuser saß
an der Wand entlang, an der Wand.
Wer nie sein Brot mit Tränen aß,
bist du, mein Bayernland!

Wer reitet so spät durch Nacht und Wind?
Ich rate dir gut, mein Sohn!
Urahne, Großmutter, Mutter und Kind
vom Roßbachbataillon.

O selig, o selig, ein Kind noch zu sein,
von der Wiege bis zur Bahr'!
Mariechen saß auf einem Stein,
sie kämmte ihr goldenes Haar.

Sie kämmt's mit goldnem Kamme,
wie Zieten aus dem Busch.

Sonne, du klagende Flamme:
Husch! Husch!

Der liebe Gott geht durch den Wald,
von der Etsch bis an den Belt,
dass lustig es zum Himmel schallt:
Fahr' wohl, du schöne Welt!

Der schnellste Reiter ist der Tod,
mit Juppheidi und Juppheida.
Stolz weht die Flagge schwarzweißrot.
Hurra, Germania!

Collage aus Versatzstücken aus deutschen Liedern, Gedichten, Opern und Redensarten.

Roßbachbataillon: Roßbach: Ort einer Schlacht (1757) im Siebenjährigen Krieg.

ERICH KÄSTNER

Kennst Du das Land, wo die Kanonen blühn?
Du kennst es nicht? Du wirst es kennenlernen!
Dort stehn die Prokuristen stolz und kühn
In den Bureaus, als wären es Kasernen.

Dort wachsen unterm Schlips Gefreitenknöpfe.
Und unsichtbare Helme trägt man dort.
Gesichter hat man dort, doch keine Köpfe.
Und wer zu Bett geht, pflanzt sich auch schon fort!

Wenn dort ein Vorgesetzter etwas will
– und es ist sein Beruf etwas zu wollen –
Steht der Verstand erst stramm und zweitens still.
Die Augen rechts! Und mit dem Rückgrat rollen!

Die Kinder kommen dort mit kleinen Sporen
Und mit gezognem Scheitel auf die Welt.

Dort wird man nicht als Zivilist geboren.
Dort wird befördert, wer die Schnauze hält.

Kennst Du das Land? Es könnte glücklich sein.
Es könnte glücklich sein und glücklich machen!
Dort gibt es Äcker, Kohle, Stahl und Stein
Und Fleiß und Kraft und andre schöne Sachen.

Selbst Geist und Güte gibt's dort dann und wann!
Und wahres Heldentum. Doch nicht bei vielen.
Dort steckt ein Kind in jedem zweiten Mann.
Das will mit Bleisoldaten spielen.

Dort reift die Freiheit nicht. Dort bleibt sie grün.
Was man auch baut, – es werden stets Kasernen.
Kennst Du das Land, wo die Kanonen blühn?
Du kennst es nicht? Du wirst es kennenlernen!

Die andere Möglichkeit

Wenn wir den Krieg gewonnen hätten,
mit Wogenprall und Sturmgebraus,
dann wäre Deutschland nicht zu retten
und gliche einem Irrenhaus.

Man würde uns nach Noten zähmen
wie einen wilden Völkerstamm.
Wir sprängen, wenn Sergeanten kämen,
vom Trottoir und stünden stramm.

Wenn wir den Krieg gewonnen hätten,
dann wären wir ein stolzer Staat.
Und preßten noch in unsern Betten
die Hände an die Hosennaht.

Die Frauen müßten Kinder werfen.
Ein Kind im Jahre. Oder Haft.
Der Staat braucht Kinder als Konserven.
Und Blut schmeckt ihm wie Himbeersaft.

Wenn wir den Krieg gewonnen hätten,
dann wär der Himmel national.
Die Pfarrer trügen Epauletten.
Und Gott wär deutscher General.

Die Grenze wär ein Schützengraben.
Der Mond wär ein Gefreitenknopf.
Wir würden einen Kaiser haben
und einen Helm statt einem Kopf.

Wenn wir den Krieg gewonnen hätten,
dann wäre jedermann Soldat.
Ein Volk der Laffen und Lafetten!
Und ringsherum wär Stacheldraht!

Dann würde auf Befehl geboren.
Weil Menschen ziemlich billig sind.
Und weil man mit Kanonenrohren
allein die Kriege nicht gewinnt.

Dann läge die Vernunft in Ketten.
Und stünde stündlich vor Gericht.
Und Kriege gäb's wie Operetten.
Wenn wir den Krieg gewonnen hätten –
zum Glück gewannen wir ihn nicht!

Epauletten: Schulterstücke auf Uniformen. • *Lafetten:* Untergestelle von Geschützen.

KURT TUCHOLSKY

Deutschland erwache!

Dass sie ein Grab dir graben,
dass sie mit Fürstengeld
das Land verwildert haben,
dass Stadt um Stadt verfällt …

Sie wollen den Bürgerkrieg entfachen –
(das sollten die Kommunisten mal machen!)
dass der Nazi dir einen Totenkranz flicht –:
Deutschland, siehst du das nicht –?

Dass sie im Dunkel nagen,
dass sie im Hellen schrein;
dass sie an allen Tagen
Faschismus prophezein …
Für die Richter haben sie nichts als Lachen –
(das sollten die Kommunisten mal machen!)
dass der Nazi für die Ausbeuter ficht –:
Deutschland, hörst du das nicht –?

Dass sie in Waffen starren,
dass sie landauf, landab
ihre Agenten karren
im nimmermüden Trab …
Die Übungsgranaten krachen …
(das sollten die Kommunisten mal machen!)
dass der Nazi dein Todesurteil spricht –:
Deutschland, fühlst du das nicht –?

Und es braust aus den Betrieben ein Chor
von Millionen Arbeiterstimmen hervor:

Wir wissen alles. Uns sperren sie ein.
Wir wissen alles. Uns lässt man bespein.
Wir werden aufgelöst. Und verboten.
Wir zählen die Opfer; wir zählen die Toten.
Kein Minister rührt sich, wenn Hitler spricht.
Für jene die Straße. Gegen uns das Reichsgericht.
Wir sehen. Wir hören. Wir fühlen den kommenden Krach.
Und wenn Deutschland schläft –:
Wir sind wach!

Zuerst 1930 in der *Arbeiter Illustrierte Zeitung* erschienen.

WILL VESPER

Bleibendes Deutschland

Es bleibt das Land. Es bleiben deine Städte
dieselben doch, wenn auch dein Volk vertauscht,
als ob es sich am Taumelkraut berauscht
und um die Seele sich getrunken hätte.

Doch steht dein Wald, die Berge, ewige Zeugen!
Und aus Gewässern steigt die alte Kraft,
die neu die Rücken deiner Knaben strafft,
indes die Väter sich wie Knechte beugen.

Noch fließt dein Rhein, wenn auch der Fremden Pferde
jetzt aus ihm trinken. Und es ragt dein Dom
und predigt steinern über deinem Strom.
Und dumpf aufrauschend redet deine Erde.

Denn die ist ewig. Zu dem bangen Volke
raunt sie von alter Zeit. Ein neuer Mut
strömt aus dem Korn und Wein und gärt im Blut.
Und schwer von Blitzen steigt die Wetterwolke.

September 1930

Taumelkraut: eventuell: Taumellolch, Kraut, in dessen Samen sich ein narkotisierendes Gift befinden kann.

HEINRICH ANACKER

Stein und Steinmetz

Wir werdend' Volk, wir sind der rohe Stein –
Du, unser Führer, sollst der Steinmetz sein;

Der Steinmetz, der mit schöpf'rischer Gewalt
Den Stein erlöst von seiner Ungestalt.

Schlag immer zu! Wir halten duldend still,
Da deine strenge Hand uns formen will.

Wir leiden gern, hinopfernd Tag und Nacht,
Wenn nur dein Hammerschlag uns klarer macht.

Wie Michelangelo das Bild des Herrn,
Schaffst du aus uns, was heut noch blaß und fern;

Schaffst du aus uns, aus rohem Element,
Des neuen Deutschlands ewig' Monument!

unser Führer: Adolf Hitler.

BERTOLT BRECHT

Deutschland

Mögen andere von ihrer Schande sprechen,
ich spreche von der meinen

O Deutschland, bleiche Mutter!
Wie sitzest du besudelt
Unter den Völkern.
Unter den Befleckten
Fällst du auf.

Von deinen Söhnen der ärmste
Liegt erschlagen.
Als sein Hunger groß war
Haben deine anderen Söhne
Die Hand gegen ihn erhoben.
Das ist ruchbar geworden.

Mit ihren so erhobenen Händen
Erhoben gegen ihren Bruder

Gehen sie jetzt frech vor dir herum
Und lachen in dein Gesicht
Das weiß man.

In deinem Hause
Wird laut gebrüllt was Lüge ist
Aber die Wahrheit
Muß schweigen.
Ist es so?

Warum preisen dich ringsum die Unterdrücker, aber
Die Unterdrückten beschuldigen dich?
Die Ausgebeuteten
Zeigen mit Fingern auf dich, aber
Die Ausbeuter loben das System
Das in deinem Hause ersonnen wurde!

Und dabei sehen dich alle
Den Zipfel deines Rockes verbergen, der blutig ist
Vom Blut deines
Besten Sohnes.

Hörend die Reden, die aus deinem Hause dringen, lacht man.
Aber wer dich sieht, der greift nach dem Messer
Wie beim Anblick einer Räuberin.

O Deutschland, bleiche Mutter!
Wie haben deine Söhne dich zugerichtet
Daß du unter den Völkern sitzest
Ein Gespött oder eine Furcht!

Das 1933 entstandene Gedicht erschien zuerst in dem Band *Lieder. Gedichte. Chöre* von Bertolt Brecht und Hanns Eisler (Paris 1934).

JOHANNES R. BECHER

Tränen des Vaterlandes Anno 1937

I

O Deutschland! Sagt, was habt aus Deutschland ihr gemacht?!
Ein Deutschland stark und frei?! Ein Deutschland hoch in Ehren?!
Ein Deutschland, drin das Volk sein Hab und Gut kann mehren,
Auf aller Wohlergehn ist jedermann bedacht?!

Erinnerst du dich noch des Rufs: »Deutschland erwacht!«?
Als würden sie dich bald mit Gaben reich bescheren,
So nahmen sie dich ein, die heute dich verheeren.
Geschlagen bist du mehr denn je in einer Schlacht.

Dein Herz ist eingeschrumpft. Dein Denken ist mißraten.
Dein Wort ward Lug und Trug. Was ist noch wahr und echt?!
Was Lüge noch verdeckt, entblößt sich in den Taten:
Die Peitsche hebt zum Schlag ein irrer Folterknecht,

Der Henker wischt das Blut von seines Beiles Schneide –
O wieviel neues Leid zu all dem alten Leide!

II

Du mächtig deutscher Klang: Bachs Fugen und Kantaten!
Du zartes Himmelsblau, von Grünewald gemalt!
Du Hymne Hölderlins, die feierlich uns strahlt!
O Farbe, Klang und Wort: geschändet und verraten!

Gelang es euch noch nicht, auch die Natur zu morden?!
Ziehn Neckar und der Rhein noch immer ihren Lauf?
Du Spielplatz meiner Kindheit: wer spielt wohl heut darauf?
Schwarzwald und Bodensee, was ist aus euch geworden?

Das vierte Jahr bricht an. Um Deutschland zu beweinen,
Stehn uns der Tränen nicht genügend zu Gebot,
Da sich der Tränen Lauf in so viel Blut verliert.

Drum, Tränen, haltet still! Laßt uns den Haß vereinen,
Bis stark wir sind zu künden: »Zu Ende mit der Not!«
Dann: Farbe, Klang und Wort! Glänzt, dröhnt und jubiliert!

Im Moskauer Exil 1937 entstandene Sonette, die auf Gryphius (S. 65) anspielen. Becher veröffentlichte 1954 unter diesem Titel auch eine Anthologie von Dichtungen aus dem 16. und 17. Jahrhundert.

»Deutschland erwacht!«: vgl. die Texte von Eckart (S. 163) und Tucholsky (S. 169). • *Grünewald:* Matthias Grünewald (um 1480–1528), deutscher Maler; Hauptwerk: Isenheimer Altar.

HERMANN BURTE

An Deutschland

Du lagerst laß in Mitten fremder Frauen,
An einen Hünenstein gelehnt die Stirn,
Die Hände kühlen sich im Alpenfirn,
Die Füße im Germanenmeer, im grauen.

Kein wälscher Wein kann dein Gefühl verwirrn,
Kein Wind von Osten aus versteppten Auen,
Der Wala Wissen blitzt um deine Brauen,
Dein Herz ist mächtiger als Aller Hirn.

Aus Eichenwäldern zogst du in den Dom
Und wobst in Steinen Ast und Wipfel wieder
Groß wie der Gott, geduldig wie der Gnom.

Musik entsprang aus deinem Blut, ein Strom,
Und wogte Lust am Tod in deine Lieder,
Ewig unfaßbar für Byzanz und Rom.

laß: müde, matt. • *Hünenstein:* Hünensteine: große Findlinge um Gräber aus der Steinzeit. • *der Wala Wissen:* Erda, eine Art allwissender mythischer Muttergottheit bei Richard Wagner, wird in *Rheingold* und *Siegfried* auch als »Wala« bzw. »Urwala« bezeichnet und im *Siegfried* von Wotan aus »wissendem Schlaf« geweckt. • *Gnom:* bezieht sich wohl auf Alberich in Wagners *Ring des Nibelungen.*

HEINRICH ANACKER

Wir wachsen in das Reich hinein

Wir sind nicht fertig, wir sind unvollkommen.
Der Führer hält den Meißel in der Hand,
Und schlägt uns frei von allem Trug und Tand,
Daß wir zum langersehnten Ziele kommen.

So wachsen mählich wir ins Reich hinein,
Und mit uns all die tausend Unbekannten,
Die sich in Schuld und Irrtum einst verrannten,
Und gläubig trauten jedem falschen Schein.

Wir müssen sie zur vollen Klarheit führen,
Denn unsern Händen sind sie anvertraut,
Und nie geschieht's, daß vor dem Werk uns graut,
Wenn wir in uns die hohe Sendung spüren.

Wir ahnen eine Gralsburg, hell und rein.
Sie braucht Vollender, nicht nur Trommelschläger –
So sind wir deutscher Zukunft Fackelträger,
So wachsen wir ins ewige Reich hinein!

PETER HUCHEL

Deutschland

Welt der Wölfe, Welt der Ratten.
Blut und Aas am kalten Herde.
Aber noch streifen die Schatten
der toten Götter die Erde.

Göttlich bleibt der Mensch und versöhnt.
Und sein Atem wird frei wieder wehen.
Wenn auch die heulende Rotte höhnt,
sie wird vergehen.

1939

Es handelt sich um das zweite von vier Gedichten unter dem Obertitel *Deutschland,* die zwischen 1933 und 1947 entstanden und 1948 zum erstenmal veröffentlicht wurden.

MASCHA KALÉKO

Hoere, Teutschland

(In memoriam Maidanek und Buchenwald)

Der Tag wird kommen, und er ist nicht fern,
Der Tag, da sie ans Hakenkreuz euch schlagen.
Da wird nicht eine Seele um euch klagen,
Und nicht ein Hund beweinen seinen Herrn.

Umsäumt von Stacheldraht und Kerkermauern,
Sind euch die frischen Gräber schon gerichtet,
Voll feister Würmer, die auf Nahrung lauern.
Habt ihr die Gier in ihnen doch gezüchtet.

Geschändet habt ihr selbst die gute Erde.
Sie hat das Höllentreiben wohl gesehen.
Und auch die Raben wissen, was geschehen,
Als ihr wie Wölfe einfielt in die Herde.

Sie werden kommen aus dem Land im Osten,
Wo eure Panzertanks im Blute rosten.
Im Schlaf umzingeln werden euch die Scharen,
Die eurer Mordlust stumme Opfer waren.

Ihr Wimmern wird euch in den Ohren dröhnen,
Wenn sie vereint der Massengruft entsteigen.
Noch braust der Sturmwind, gegen euch zu zeugen.
Er hörte Nacht um Nacht das grause Stöhnen.

Grell schreit von eurer Stirn das rote Zeichen.
Verflucht auf ewig sei Germaniens Schwert!
Verhasst ward mir der Anblick eurer Eichen,
Die sich von meiner Brüder Blut genährt,
Verhasst die Aecker, die da blühn auf Leichen.

Wie hass ich euch, die mich den Haß gelehrt …

Hear, Germany!

(On reading the pogrom documents)

The day will come, it is not far ahead,
When you will hang upon your crooked cross,
And not a living soul will mourn your loss,
And not a dog will howl his master, dead.

Fenced with barbed wire, hemmed by prison walls,
Now your fresh graves lie ready at your feet,
Full of fat worms that hunger for their meat,
Who fed so long on steady funerals.

The good earth that you fouled remembers well
How you came down like wolves upon the herd,
The ravens saw, each death-devoted bird,
That savage drive from hell to blacker hell.

Out of the east those ravens yet will fly,
Where motionless your rusted panzers lie.
And the mute victims of your lust for blood
Will swarm about you in a ghostly flood.

From their mass graves united they will rise
And fill your ears with their undying moans,
The wind that heard, night after night, those groans,
Accuses you with its repeated cries.

Upon your brow the angry mark screams red.
Oh, be the sword of Germany accursed
Forever! How I hate your oaks, that fed
On corpses, hate your earth, that quenched its thirst
And bloomed upon the drops my brothers bled.

– But you, who taught me hate, I hate the worst …

New York Times Magazine
March 14, 1943

PAUL CELAN

Todesfuge

Schwarze Milch der Frühe wir trinken sie abends
wir trinken sie mittags und morgens wir trinken sie nachts
wir trinken und trinken
wir schaufeln ein Grab in den Lüften da liegt man nicht eng
Ein Mann wohnt im Haus der spielt mit den Schlangen
der schreibt
der schreibt wenn es dunkelt nach Deutschland dein goldenes
Haar Margarete
er schreibt es und tritt vor das Haus und es blitzen die Sterne
er pfeift seine Rüden herbei
er pfeift seine Juden hervor läßt schaufeln ein Grab in der Erde
er befiehlt uns spielt auf nun zum Tanz

Schwarze Milch der Frühe wir trinken dich nachts
wir trinken dich morgens und mittags wir trinken dich abends
wir trinken und trinken
Ein Mann wohnt im Haus der spielt mit den Schlangen
der schreibt
der schreibt wenn es dunkelt nach Deutschland dein goldenes
Haar Margarete
Dein aschenes Haar Sulamith wir schaufein ein Grab in den
Lüften da liegt man nicht eng

Er ruft stecht tiefer ins Erdreich ihr einen ihr andern singet
und spielt
er greift nach dem Eisen im Gurt er schwingts seine Augen
sind blau
stecht tiefer die Spaten ihr einen ihr andern spielt weiter zum
Tanz auf

Schwarze Milch der Frühe wir trinken dich nachts
wir trinken dich mittags und morgens wir trinken dich abends
wir trinken und trinken
ein Mann wohnt im Haus dein goldenes Haar Margarete
dein aschenes Haar Sulamith er spielt mit den Schlangen

Er ruft spielt süßer den Tod der Tod ist ein Meister aus Deutschland
er ruft streicht dunkler die Geigen dann steigt ihr als Rauch in die Luft
dann habt ihr ein Grab in den Wolken da liegt man nicht eng

Schwarze Milch der Frühe wir trinken dich nachts
wir trinken dich mittags der Tod ist ein Meister aus Deutschland
wir trinken dich abends und morgens wir trinken und trinken
der Tod ist ein Meister aus Deutschland sein Auge ist blau
er trifft dich mit bleierner Kugel er trifft dich genau
ein Mann wohnt im Haus dein goldenes Haar Margarete
er hetzt seine Rüden auf uns er schenkt uns ein Grab in der Luft
er spielt mit den Schlangen und träumet der Tod ist ein Meister aus Deutschland

dein goldenes Haar Margarete
dein aschenes Haar Sulamith

Laut Angabe von Celan im Mai 1945 entstanden.

Margarete: Gestalt in Goethes *Faust.* • *Sulamith:* Figur im alttestamentlichen *Hohenlied,* Liebende und Geliebte. • *Er ruft:* Beginn eines neuen Abschnitts.

BERTHOLD VIERTEL

Ode an Deutschland

I

Zertrümmertes Land!
Zu Narben geschrumpfte Städte!
Denkmäler, zu Schutt geschlagen!
Aber auch die Brand- und Schädelstätte
Ist ein Mal des Gedenkens
Bösen Ausgangs, böseren Beginns.

Die Wüste rufe euch auf
Zu neuer, gesünderer Pflanzung!
So halte Zerstörung Schule
Mit den verstört Überlebenden!

II

Unvergiftet sind euch Brunnen im Lande geblieben,
Wascht mit dem klaren Wasser die Augen der Kinder,
Daß sie sehend werden,
Deren Eltern blind gewesen!
Holt Heilkraft auch aus spät bekehrten Herzen!
Entzündet im zugigen Aschenherde des Hasses
Die erloschene Flamme der Liebe!
Bald blühen wieder die Apfelbäume.

III

Noch sind viele betäubt
Vom selbstverschuldeten Unglück.
Falsche Hoffnung mißriet,
Noch keimt die wahre verborgen.
Hört endlich auf die lange verschmähten Warner!
Entdeckt und ehrt
Eure wahren Märtyrer!
Entsühnt euch
Von den Verbrechen der verwüstenden Epoche,
Ehe ein langsam grauender Tag
Euch wieder zur Arbeit erweckt,
Und das Brot und die Milch euch bedeuten:
Ihr bliebt am Leben!

Der Text erschien zuerst in Viertels Gedichtsammlung *Der Lebenslauf* (Aurora-Verlag, New York 1946 bzw. Aufbau-Verlag, Berlin 1947).

JOHANNES R. BECHER

Nationalhymne der Deutschen Demokratischen Republik

Auferstanden aus Ruinen
Und der Zukunft zugewandt,
Laß uns dir zum Guten dienen,
Deutschland, einig Vaterland.
Alte Not gilt es zu zwingen,
Und wir zwingen sie vereint,
Denn es muß uns doch gelingen,
Daß die Sonne schön wie nie
Über Deutschland scheint.

Glück und Friede sei beschieden
Deutschland, unsrem Vaterland!
Alle Welt sehnt sich nach Frieden!
Reicht den Völkern eure Hand.
Wenn wir brüderlich uns einen,
Schlagen wir des Volkes Feind.
Laßt das Licht des Friedens scheinen,
Daß nie eine Mutter mehr
Ihren Sohn beweint!

Laßt uns pflügen, laßt uns bauen,
Lernt und schafft wie nie zuvor,
Und der eignen Kraft vertrauend,
Steigt ein frei Geschlecht empor.
Deutsche Jugend, bestes Streben
Unsres Volks in dir vereint,
Wirst du Deutschlands neues Leben,
Und die Sonne schön wie nie
Über Deutschland scheint.

BERTOLT BRECHT

Bonner Bundeshymne

Deutschland, Deutschland, über alles
Nur nicht über unser Geld!
Wenn es auch gegebenen Falles
Dadurch auseinanderfällt.

Ja, vom Rhein bis an die Elbe
Sind wir westlich eingestellt
Ist das Ziel doch ganz dasselbe:
Für den reichen Mann mehr Geld!

Deutsche Kohlen, deutsches Eisen
Deutsches Holz und deutschen Stahl
Liefern wir zu Schleuderpreisen
An das Wallstreetkapital.

Wahlen gibt es allgemeine
Nur in dem gibt's keine Wahl:
U.S.A. hält Wacht am Rheine
Daß der deutsche Michel zahl.

Geschrieben für die aktualisierte Fassung des Clownsspiels aus dem *Badener Lehrstück vom Einverständnis* (1926); Aufführung 12. Dezember 1949, Erstdruck 1993.

Kinderhymne

Anmut sparet nicht noch Mühe
Leidenschaft nicht noch Verstand.
Daß ein gutes Deutschland blühe
Wie ein andres gutes Land.

Daß die Völker nicht erbleichen
Wie vor einer Räuberin
Sondern ihre Hände reichen
Uns wie anderen Völkern hin.

Und nicht über und nicht unter
Andern Völkern wolln wir sein
Von der See bis zu den Alpen
Von der Oder bis zum Rhein.

Und weil wir dieses Land verbessern
Lieben und beschirmen wir's
Und das liebste mag's uns scheinen
So wie andern Völkern ihrs.

Erstdruck: *Sinn und Form* (1950) H. 6. Mit dem Text, der zuerst den Titel »Hymne/Festlied« trug und von Hanns Eisler komponiert wurde, reagierte Brecht auf die westdeutsche Diskussion über die Einführung des »Lieds der Deutschen« von Hoffmann von Fallersleben als Nationalhymne.

RUDOLF ALEXANDER SCHRÖDER

Hymne

Land des Glaubens, deutsches Land,
Land der Väter und der Erben,
Uns im Leben und im Sterben
Haus und Herberg, Trost und Pfand,
Sei den Toten zum Gedächtnis,
Den Lebend'gen zum Vermächtnis,
Freudig vor der Welt bekannt,
Land des Glaubens, deutsches Land!

Land der Hoffnung, Heimatland,
Ob die Wetter, ob die Wogen
Über dich hinweggezogen,
Ob die Feuer dich verbrannt,
Du hast Hände, die da bauen,
Du hast Herzen, die vertrauen;
Lieb und Treue halten Stand,
Land der Hoffnung, Heimatland!

Land der Liebe, Vaterland,
Heilger Grund, auf den sich gründet,
Was in Lieb und Leid verbündet
Herz mit Herzen, Hand mit Hand:
Frei wie wir dir angehören
Und uns dir zu eigen schwören,
Schling um uns dein Friedensband,
Land der Liebe, Vaterland!

Diesen Text schrieb Schröder 1950 auf Anregung des Bundespräsidenten Theodor Heuss, der das ›Deutschlandlied‹ von Hoffmann von Fallersleben als Nationalhymne verhindern wollte.

BERTOLT BRECHT

Deutschland 1952

O Deutschland, wie bist du zerrissen …
Und nicht mit dir allein.
In Kält und Finsternissen
Schlägt eins aufs andre ein.
Und hättst so schöne Auen
Und stolzer Städte viel:
Tätst du dir selbst vertrauen
Wär alles Kinderspiel.

Erstdruck im Programmheft zu *Der Prozeß der Jeanne d'Arc zu Rouen 1431*, Berliner Ensemble, 23. November 1952.

Die Lösung

Nach dem Aufstand des 17. Juni
Ließ der Sekretär des Schriftstellerverbands
In der Stalinallee Flugblätter verteilen
Auf denen zu lesen war, daß das Volk
Das Vertrauen der Regierung verscherzt habe

Und es nur durch verdoppelte Arbeit
Zurückerobern könne. Wäre es da
Nicht doch einfacher, die Regierung
Löste das Volk auf und
Wählte ein anderes?

Der im Sommer 1953 entstandene Text erschien zuerst in den *Buckower Elegien* (1954).

INGEBORG BACHMANN

Früher Mittag

Still grünt die Linde im eröffneten Sommer,
weit aus den Städten gerückt, flirrt
der mattglänzende Tagmond. Schon ist Mittag,
schon regt sich im Brunnen der Strahl,
schon hebt sich unter den Scherben
des Märchenvogels geschundener Flügel,
und die vom Steinwurf entstellte Hand
sinkt ins erwachende Korn.

Wo Deutschlands Himmel die Erde schwärzt,
sucht sein enthaupteter Engel ein Grab für den Haß
und reicht dir die Schüssel des Herzens.

Eine Handvoll Schmerz verliert sich über den Hügel.

Sieben Jahre später
fällt es dir wieder ein,
am Brunnen vor dem Tore,
blick nicht zu tief hinein,
die Augen gehen dir über.

Sieben Jahre später,
in einem Totenhaus,
trinken die Henker von gestern

den goldenen Becher aus.
Die Augen täten dir sinken.

Schon ist Mittag, in der Asche
krümmt sich das Eisen, auf den Dorn
ist die Fahne gehißt, und auf den Felsen
uralten Traums bleibt fortan
der Adler geschmiedet.

Nur die Hoffnung kauert erblindet im Licht.

Lös ihr die Fessel, führ sie
die Halde herab, leg ihr
die Hand auf das Aug, daß sie
kein Schatten versengt!

Wo Deutschlands Erde den Himmel schwärzt,
sucht die Wolke nach Worten und füllt den Krater mit Schweigen,
eh sie der Sommer im schütteren Regen vernimmt.

Das Unsägliche geht, leise gesagt, übers Land:
schon ist Mittag.

Märchenvogels: Anspielung auf das Märchen *Der goldene Vogel* der Brüder Grimm. • *Sieben Jahre später:* Das Gedicht erschien zuerst 1952, sieben Jahre (Märchenzahl) nach Kriegsende 1945. Im folgenden Anspielungen auf das u.a. von Franz Schubert und Friedrich Silcher vertonte Lied »Am Brunnen vor dem Tore« von Wilhelm Müller und Goethes Ballade »Es war ein König in Thule«.

CHRISTOPH MECKEL

Hymne

Ich lebe in einem Land, das seine geschundenen
und geflickten Garderoben den Spiegeln des Himmels
vorführt ohne besondere Koketterie,
in einem Land unter Tränenglorиolen,
dessen ewige Grenzen Klagemauern sind.

Ich lebe in einem Land, das verliebt ist in den Tod,
seine Erde ist mit zahllosen Särgen möbliert
und ausgestattet mit Knochen, die abgeklärt
den Schankwirt des Todes um neue Gefährten bitten,
dem Himmel des Landes steht die Sonne gut,
doch seine Sterbefabriken schließen sich nie.

Ich lebe in einem Duft von abgestandenen Seufzern,
der Gewißheit des Todes, der Ungewißheit des Lebens,
zwiefach unwillig verbunden und verpflichtet
durch Angst und unausweichliche Vorsicht,
die ein Zirkusaffe auf dem Rücken
eines Elefanten braucht, um nicht zu stürzen.

Ich lebe in einem Land, das verliebt ist in den Tod,
ein Tränenkrug ist sein Wappen und Souvenir,
ein Blutegel sein Maskott, seine Fahnen Vogelscheuchen,
der tausendste Enkel meiner Hoffnung kam um.
Der letzte Schild meiner Zuversicht ist zerborsten.

PETER RÜHMKORF

Variation auf »Gesang des Deutschen« von Friedrich Hölderlin

Wie der Phönix aus den Scherben, oh Vaterland,
Edelstahl platzt in den Nähten, Fette erholt,
Farben bei lebhaftem Angebot Aufgalopp, Kursgewinn,
Hanomag, hundertprozentige Rheinstahltochter …

also erhobest du dich, verlorengegebener
gräulich geviertelter Aar, doch bald auf der Höhe schon
deines alten Gewichts, und, ei, den Tauben gleich
an Kropf und Krallen!

Du Land, chromblinzelnd, wo man die Meinung verzieht
bei stillem Anteil, bin ich der deine schon?
Sieh, auch ich bin fix in der Lüge,
freundlich blinket mein Damaszenergebiß.

Wenn ich mich auf meine Feinde besinne,
morgens, wenn mir der rote Kamm unterm Hut schwillt …
leicht von den Knöcheln gebrochen, wächst ihr schon
neuer Vorrat, der morchelhäuptigen Hyder.

Wer wollte da? an welchem Fels? wozu?
mit was? dem Adler trotzen, dem längst überfütterten?
der von des Himmels Kaltschale nippt,
dein nicht zu achten und Helden-Unschlitt.

Oh Freund, vor kein Schafott bestellt, in Frieden,
wer bläst sich da auf und wie ohne Zweifel?!
Zück deine Hauer, alteingesessen, da bleibet ein
abgestochener Brei auf der Walstatt.

Kennst du Minervens Kinder? Was kümmert sie
des wüsten Donnerers, des sie nicht achten, Gebell?
Schickt, schickt ihn nur ins Glück, da wird
keiner über die eigenen Zähne straucheln.

Das geht in Größe glatt, das ist wie über Nacht
ins Licht gefordert und vor die Sterne geschleift,
jeder zu allem aufgerufen, man teilet
dir vom Schmer des Säkels und heißt dich verdauen.

Nimm nun dein Pfund auf dich und wuchere,
ehe der schlechtere Mann das Licht absahnt –
unter die Gauner erhoben, sollst du
deinen Hintern zum Fluge lüften.

Gegrüßt in deinem Glanze, mein Vaterland!
Mit neuen Namen lockst du, mit Blust und Bluff,
wenn das entbundene Fett als Flamme
mächtig über die eigenen Ufer lodert.

Noch schwillst du an von unterdrücktem Krieg,
sinnest ein neu Gebild, das von dir zeuge,
das, einzig wie du selbst, das aus
Stroh geschaffen, goldene Körner treibt.

Wo sind nun Dichter, die ein neu Gemythe
auftuen diesem blauen Schlaraffenblick?
Tausendgut – Güldenfett – Rosenschleck –
Eselein deck dich, Deutschland, käufliche Mutter.

Also: aus voller Brust geklampft, aus vollem Magen
das Lied, aus überfließendem Munde gespendet:
Schmierig währt am längsten, wer wollte da
mürrisch gegen die Seligen vorgehn?!

Die in der Sonnenlache, die im Gewinnbereich
ihren Jubel aus eigener Tasche bestreiten;
und – die Hand an der Börse – schwört es
sein gestrichen Maß Glück und Persönlichkeit.

Gebt also, gebt ihn endlich, gebt den Himmel frei,
und scheltet nicht, nein, besser preiset ihn, den wohlgelenken,
den Mann, der nach Sintflut und -feuer
wieder den Wanst in die Waage hievte.

Der was die ALTEN sungen, der Dichter spann,
wirklich erfährt, das prästabilierte Behagen:
Nun: Blüten angelandet! nun: Sternenstreusel! und
mit dem Sänger geteilt auf Kippe und Schweigen.

Auf Kippe und Gedeih, daß nie und keiner
die Kreise jemals störe, Wanderer, kommst du nach
Deutschland, sage du habest uns hier
unterliegen sehen, wie es der Vorteil empfahl.

Vgl. den Hölderlin-Text S. 86.

der morchelhäuptigen Hyder: Hydra: von Herakles getötetes vielköpfiges Fabelwesen; Morcheln besitzen einen in zahlreiche Kammern gegliederten Hut. • *dem Adler trotzen:* Anspielung auf den Prometheus-Mythos. • *Unschlitt:* Talg. •

Schmer: Fett. • *Blust:* Blüte. • *das prästabilierte Behagen:* Anspielung auf Leibniz' Konzept einer harmonisch geordneten Welt (prästabilierte Harmonie). • *Wanderer kommst du nach Deutschland:* ironische Variation des Ausspruchs des Spartaners Leonidas, der sein Leben bei der Verteidigung des Thermopylen-Passes für das Vaterland opferte (»Wanderer, kommst du nach Sparta, so sage, du habest uns liegen gesehen, wie das Gesetz es befahl.«).

MARIE LUISE KASCHNITZ

Mein Land und Ihr

Ein Land zu lieben ist leicht.
Dieses wo immer
ansprechende mit der sicheren Zeichensprache
von Bäumen, Böschungen, Waldrand
Wiedererkennbar noch
unter dem Sturzregenvorhang
in der Verzerrung der Blitze
und selbst die herbstfeuchte Blatthand
eine Liebkosung.
Ihr aber, Euch
Bewohner meines Landes warum
kann ich euch nicht umarmen
mich von euch nicht belehren lassen
wie vom Schwan, der auffliegt
vom Regenbogen?

Zwischen meiner Sprache und eurer
die dieselbe ist, gibt es keine Verständigung.
In Euren Augen seh ich meine Blutschuld
Mein Schwanken, meinen Mangel an Liebe.
Ich zittre vor dem, was wir wieder anzetteln werden.
Eh noch das Schwarzblatt meine Wange streift.

Schwarzblatt: Anspielung auf das Schwarzwerden, Absterben, der Blätter im Winter, auf den Tod.

FRIEDRICH CHRISTIAN DELIUS

Hymne

Ich habe Angst vor dir, Deutschland,
Wort, den Vätern erfunden, nicht uns,
du mit der tödlichen Hoffnung,
du im doppelt geschwärzten Sarg,
Deutschland, was soll ich mit dir,
nichts, laß mich, geh,
Deutschland, du steinigst uns wieder,
auf der doppelten Zunge zerläufst du,
auf beiden Schneiden
des Schwerts, ich habe Angst vor dir,
Deutschland, ich bitte dich, geh,
laß mir die Sprache und geh,
du, zwischen den Zielen, verwest schon
und noch nicht tot, stirb, Deutschland,
ich bitte dich, laß uns und geh.

HILDE DOMIN

Graue Zeiten

1

Es muß aufgehoben werden
als komme es aus grauen Zeiten

Menschen wie wir wir unter ihnen
fuhren auf Schiffen hin und her
und konnten nirgends landen

Menschen wie wir wir unter ihnen
durften nicht bleiben
und konnten nicht gehen

Menschen wie wir wir unter ihnen
grüßten unsere Freunde nicht
und wurden nicht gegrüßt

Menschen wie wir wir unter ihnen
standen an fremden Küsten
um Verzeihung bittend daß es uns gab

Menschen wie wir wir unter ihnen
wurden bewahrt

Menschen wie wir wir unter ihnen,
Menschen wie ihr ihr unter ihnen
jeder

kann ausgezogen werden
und nackt gemacht
die nackten Menschenpuppen

nackter als Tierleiber
unter den Kleidern
der Leib der Opfer

Ausgezogen
die noch morgens die Schalen um sich haben
weiße Körper

Glück hatte wer nur
gestoßen wurde
von Pol zu Pol

Die grauen Zeiten
ich spreche von den grauen Zeiten
als ich jünger war als ihr jetzt

2

Die grauen Zeiten
von denen nichts uns trennt als
zwanzig Jahre

Die Köpfe der Zeitungen
das Rot und das Schwarz
unter dem Worte ›Deutsch‹

ich sah es schon einmal
Zwanzig Jahre:

Montag viel Dienstag nichts
zwischen

uns und den grauen Zeiten

3

Manchmal sehe ich dich

von wilden Tieren zerrissen
von Menschentieren

Wir lachen vielleicht

Deine Angst die ich nie sah
diese Angst
ich sehe euch

4

dich
und den
und den
Menschen wie ihr
ihr unter ihnen
Menschen wie wir
wir unter ihnen
Nackte Menschenpuppen
die heute noch die Schalen um sich haben

Die Köpfe der Zeitungen
das Rot und das Schwarz

unter dem Worte ›Deutsch‹
Die Toten stehen neben den Kiosken
und sehen mit großen Augen
die Köpfe der Zeitungen an
den schwarz und rot gedruckten Haß
unter dem Worte ›Deutsch‹
Die Toten fürchten sich

Dies ist ein Land
in dem die Toten sich fürchten.

»Zuerst mit dem Untertitel *Deutsche National-Zeitung und Soldatenzeitung: Auflage 94 000*, in *Die Zeit* vom 20. Juni 1966. Entstanden im Frühjahr 1966, unter dem Eindruck der plötzlich an allen Bahnhofskiosken groß ausgehängten *National-Zeitung*« und des alarmierenden Anwachsens des Rechtsradikalismus in der Bundesrepublik (Domin in: *Nachkrieg und Unfrieden. Gedichte als Index 1945–1970*, hrsg. von Hilde Domin, Neuwied/Berlin 1970, S. 89).

Die Köpfe der Zeitungen: bezieht sich auf die Aufmachung des rechtsextremen Blattes.

WOLFGANG HILBIG

deutscher morgen

taumel ich aus dem schlaf
vorm offnen fenster durch den garten
geht langsam ein trüber
traum ein träger
dunkelroter dunst

dumpfer dampf ist
nachts niedergeschlagen
auf rispen und rosen
morgens mischt die sonne
sonderbar rote tropfen
in den tau
daß ich todbleich
ins feuchte haar mir fahre

der kalte spiegel überm becken
zeigt was mich so würgt was
mir den mund so füllt

aufgerissne augen sehn mich kauen
dunkle blutklumpen

Das Gedicht ist Hilbigs erstem Gedichtband *abwesenheit* mit Texten aus den Jahren 1965 bis 1977 entnommen. Er erschien in Westdeutschland; in der DDR konnten die Gedichte nicht veröffentlicht werden.

EVA STRITTMATTER

Mein Land

Ich bin so ratlos, was ich lieben soll:
Das Land, in dem ich lebe, macht mir Schmerzen.
Dieses zerrißne Land. Voll Traumtänzern und toll.
Ein Organismus mit zwei Herzen.
Wie Siamesenzwillinge:
Jede Bewegung spürt das andre mit.
Kein Leiden, das nur eines
Und nicht das zweite litt.
Sie können sich nicht trennen,
Und wolln doch *für sich* gehn.
Sie müssen sich verbrennen
Oder im Haß bestehn …
Und Ihr verlangt, daß ich es lieben soll,
Dieses verfluchte Land, in dem ich lebe,
Mein Land wunder- und wundenvoll,
Mit dem ich falle
Oder mich erhebe.

20./21. 10. 1971

UWE KOLBE

Hineingeboren

Hohes weites grünes Land,
zaundurchsetzte Ebene.
Roter
Sonnenbaum am Horizont.
Der Wind ist mein
und mein die Vögel.

Kleines grünes Land enges,
Stacheldrahtlandschaft.
Schwarzer
Baum neben mir.
Harter Wind.
Fremde Vögel.

Tübinger Spaziergang

Deutschland,
alter Apfelbaum
niedergeschnittenen Stammes,
einer deiner dürren Zweige
trägt den letzten, roten Apfel,
den ich pflück und esse,
meinen Hunger stille,
ob mir auch der Magen brennt.

ROSE AUSLÄNDER

Mutterland

Mein Vaterland ist tot
sie haben es begraben
im Feuer

Ich lebe
in meinem Mutterland
Wort

WOLF BIERMANN

Ballade vom preußischen Ikarus

1. Da, wo die Friedrichstraße sacht
Den Schritt über das Wasser macht
da hängt über der Spree
Die Weidendammerbrücke. Schön
Kannst du da Preußens Adler sehn
wenn ich am Geländer steh

dann steht da der preußische Ikarus
mit grauen Flügeln aus Eisenguß
dem tun seine Arme so weh
er fliegt nicht weg – er stürzt nicht ab
macht keinen Wind – und macht nicht schlapp
am Geländer über der Spree

2. Der Stacheldraht wächst langsam ein
Tief in die Haut, in Brust und Bein
ins Hirn, in graue Zelln
Umgürtet mit dem Drahtverband
Ist unser Land ein Inselland
umbrandet von bleiernen Welln

da steht der preußische Ikarus
mit grauen Flügeln aus Eisenguß
dem tun seine Arme so weh
er fliegt nicht weg – und stürzt nicht ab
macht keinen Wind – und macht nicht schlapp
am Geländer über der Spree

3. Und wenn du wegwillst, mußt du gehn
Ich hab schon viele abhaun sehn
aus unserm halben Land
Ich halt mich fest hier, bis mich kalt
Dieser verhaßte Vogel krallt
und zerrt mich übern Rand

dann bin ich der preußische Ikarus
mit grauen Flügeln aus Eisenguß
dann tun mir die Arme so weh
dann flieg ich hoch – dann stürz ich ab
mach bißchen Wind – dann mach ich schlapp
am Geländer über der Spree

BERND JENTZSCH

Verbotenes Lied

O Vaterland, o Vaterland.
Laß uns dir zum Guten dienen.
Einigkeit und Recht und Freiheit.
Brüderlich mit Herz und Hand.
Und das liebste mags uns scheinen,
So wie andern Völkern ihrs.
Und der Zukunft zugewandt.

Anmerkung des Verfassers: »Montage aus fünf Zitaten von drei deutschen Dichtern, deren Lieder in Deutschland / einem seiner Teile verboten waren / sind.« Das sind Johannes R. Becher (S. 182), Hoffmann von Fallersleben (S. 117), Bertolt Brecht (S. 183).

B. K. TRAGELEHN

Deutschland im Winter

Frankfurt Berlin im Flug
Eine Stunde zentimeterweise
Schwarz weiß grau
Winter Winter Winter
Deutschland
Über alles unter mir
Zwei Bruchteile ein Anblick

1978

VOLKER BRAUN

Das Lehen

Ich bleib im Lande und nähre mich im Osten.
Mit meinen Sprüchen, die mich den Kragen kosten
In anderer Zeit: noch bin ich auf dem Posten.
In Wohnungen, geliehn vom Magistrat
Und eß mich satt, wie ihr, an der Silage.
Und werde nicht froh in meiner Chefetage
Die Bleibe, die ich suche, ist kein Staat.
Mit zehn Geboten und mit Eisendraht:
Sähe ich Brüder und keine Lemuren.
Wie komm ich durch den Winter der Strukturen.
Partei mein Fürst: *sie hat uns alles gegeben*
Und alles ist noch nicht das Leben.
Das Lehen, das ich brauch, wird nicht vergeben.

Silage: im Silo aufbewahrtes Grünfutter. • *Lehen:* Anspielung auf Walthers von der Vogelweide poetischen Stoßseufzer »Ich hân mîn lêhen«, vermutlich einen Hof in der Nähe von Würzburg, den er um 1220 von Kaiser Friedrich II. erhielt.

PETER MAIWALD

Hymne

Deutschland: Rabenmutter.
Das Aas steht gut im Futter.
Die Rechnungen gehn auf.
Das Geld nimmt uns in Kauf.
Die Flüsse bleiben stehn.
Die Kriege kann man sehn.
Die Leben sind gelebt.
Die Löcher sind gewebt.
Die Zukunft ist verteilt.
Erhängt: wer angeseilt.
Die Sonne scheint noch immer.
Der Schein macht alles schlimmer.

KURT BARTSCH

Liedervereinigung

Auferstanden aus Ruinen
Brüderlich mit Herz und Hand
Laß uns dir zum Guten dienen
Tochter aus Elysium
Daß zum Zwecke Wasser fließe
Und mit reichem, vollem Schwalle
Einigkeit und Recht und Freiheit
Zu dem Bade sich ergieße
Und der Zukunft zugewandt.

Vereinigt werden Zitate aus den Hymnen von Johannes R. Becher und Hoffmann von Fallersleben sowie aus Schillers Lied »An die Freude« und Goethes Ballade »Der Zauberlehrling«.

Deutsche Klage
Nach Friedrich Hölderlin

Ich bin unter die Deutschen geraten.
Wer da nicht verkauft ist, der ist verraten.
Schmeißfliege wird er und Ratte genannt.
O Muttersprache! O Vaterland!

Ich bin unter die Deutschen geraten: Anspielung auf Hölderlins *Hyperion* (1797–1799): »So kam ich unter die Deutschen«; mit diesem Satz beginnt die Kritik an den Deutschen gegen Ende des Romans (II,2). • *Schmeißfliege … Ratte:* Als »Ratten und Schmeißfliegen« bezeichnete 1978 der CSU-Politiker Franz Josef Strauß kritische Intellektuelle und Schriftsteller.

DURS GRÜNBEIN

O Heimat, zynischer Euphon

Soviele Flickerbilder in den Künstlerhirnen,
Gewalt, durch Spiegelscherben exorziert, –
Uns nackte Welpen, Erben hoher Stirnen,
Hat man schon früh mit Nervennelken tätowiert.

Der kranken Väter Brut sind wir, der Mauern
Sturzgeburt. ›Tief, tief im Deutsch…‹, ertränkt.
Enkel von Städtebauern, Fleischbeschauern:
Jedem die fremde Wirklichkeit. (›Geschenkt.‹)

›Noch Bombensplitter?!‹ Gut für Stachelgaumen,
In violetten Babyschädeln installiert.
Sag, welche Schwester drückte ihren Daumen
Ins zarte Fontanell uns ungerührt?

Geröntgt, geimpft, dem deutschen Doppel-Klon,
Gebrochnen Auges, das nach Weitblick giert,
böse verfallen sind wir, pränatal dressiert.
›Deutschland?‹ … O Heimat, zynischer Euphon.

(Für Thomas Kling)
20/3/89

Euphon: Euphonie: Wohlklang. • *Fontanell:* Fontanelle: Knochenlücke am kindlichen Schädel. • *Thomas Kling:* 1957–2005, Lyriker, Vortrags- und Performance-Künstler (s. auch S. 209).

12/11/89

Komm zu dir Gedicht, Berlins Mauer ist offen jetzt.
Wehleid des Wartens, Langweile in Hegels Schmalland
Vorbei wie das stählerne Schweigen... Heil Stalin.
Letzter Monstranzen Glanz, hinter Panzern verschanzt.
Langsam kommen die Uhren auf Touren, jede geht anders.
Pech für die Kopffüßler, im Brackwasser abgesackt.
Revolutionsschrott *en masse*, die Massen genasführt
Im Trott von bankrotten Rotten, was bleibt ein Gebet:
Heiliger Kim Il Sung, Phönix Pjönjangs, bitt für uns.

Kim Il Sung: (1912–1994), Präsident der Volksrepublik Nordkorea (Hauptstadt Pjöngjang).

REINER KUNZE

Die mauer

Als wir sie schleiften, ahnten wir nicht,
wie hoch sie ist
in uns

Wir hatten uns gewöhnt
an ihren horizont

Und an die windstille

In ihrem schatten warfen
alle keinen schatten

Nun stehen wir entblößt
jeder entschuldigung

Das Eigentum

Da bin ich noch: mein Land geht in den Westen.
KRIEG DEN HÜTTEN FRIEDE DEN PALÄSTEN.
Ich selber habe ihm den Tritt versetzt.
Es wirft sich weg und seine magre Zierde.
Dem Winter folgt der Sommer der Begierde.
Und ich kann *bleiben wo der Pfeffer wächst.*
Und unverständlich wird mein ganzer Text.
Was ich niemals besaß wird mir entrissen.
Was ich nicht lebte, werd ich ewig missen.
Die Hoffnung lag im Weg wie eine Falle.
Mein Eigentum, jetzt habt ihrs auf der Kralle.
Wann sag ich wieder *mein* und meine alle.

Anm. von Volker Braun: »Das Gedicht antwortet dem alten Text *Das Lehen* [1980; s. S. 200], in dem die Frage war: ›Wie komm ich durch den Winter der Strukturen.‹«

KRIEG ...: Umkehrung der Überschrift des *Hessischen Landboten* (1834), der Flugschrift Georg Büchners: »Friede den Hütten! Krieg den Palästen!« • *Dem Winter folgt ...:* Anspielung auf Shakespeares *Richard III.* I, 1. • *bleiben wo der Pfeffer wächst*: Anm. von Volker Braun: »›Die toten Seelen des Realsozialismus sollen bleiben, wo der Pfeffer wächst‹ schrieb Ulrich Greiner in der ZEIT vom 22. Juni 1990.«

Mein Terrortorium

Heute gehört uns Deutschland nicht mehr / Morgen
Kurzarbeit Null in Pumpe, Lauchhammer plattgemacht
Skinheads DIE STIMMUNG HAT VOLKSFEST-
CHARAKTER: Niggerschweine
Hoyerswerda, wo liegt das? Finsterste Welt
Lessing im Gulli mit eingetretener Stirne
Der Lehrer auf dem Marktplatz im reißenden Rudel
der Schüler
ICH HABE IN VIERZIG JAHREN NICHTS GELEHRT
Ich vor meinen Lesern Helm im Gesicht
Den Plexiglasschild in Händen Tränengas

Pumpe: das Kombinat Schwarze Pumpe, gegründet 1955, großes Braunkohleveredelungswerk in der Oberlausitz (Brandenburg). • *Lauchhammer:* (ehemaliger) Bergbaustandort in der Niederlausitz (Bundesland Sachsen); der Braunkohletagebau und die Braunkohlefabriken wurden geschlossen. • *Hoyerswerda:* Der Ort in der Oberlausitz wurde parallel zum Ausbau des nahegelegenen Kombinats Schwarze Pumpe zur ›sozialistischen Großstadt‹ ausgebaut; 1991 kam es hier zu rassistischen ausländerfeindlichen Ausschreitungen durch Neonazis und Sympathisanten.

MANFRED JENDRYSCHIK

Hymne

Ja, so bin ich & unter die Deutschen
gekommen usw.
& so weiter
& so weiter
& hocke hier
& kann nicht anders & trotzalledem
noch heut das Apfelbäumchen usf.
& fort
& sofort
von Wanst zu Wanze auferstanden einig V-Land
in Ruinen eins
zwei
drei
vier Eckstein & Grenzstein & alles muß (verpflanzen, s.o.)
& versteckt sein
& vergißt doch was
nicht mehr
daß nicht mehr usw.
& zu ändern

ja, das ist
so unter Deutschen & gekommen

Ja, so bin ich & unter die Deutschen gekommen: Anspielung auf Hölderlins *Hyperion* (1797–99): »So kam ich unter die Deutschen«; mit diesem Satz beginnt die Kritik an den Deutschen gegen Ende des Romans (II,2). • *kann nicht anders ...:* Anspielungen auf Luther, die Hymne J.R. Bechers, Kinderreime und *Die Fledermaus* von Johann Strauß.

PETER HACKS

Gebrechlicher Vielvölkerstaat

Gebrechlicher Vielvölkerstaat,
Deutschland, wie soll das enden?
Zwei Welten, die in Rat und Tat
Sich nimmermehr verständen,

Gepreßt in eine Zwangsunion
Von Rußlands dummem Bären,
Die Ostnation, die Westnation,
Wie wenn sie eine wären.

Die Ostnation, die Westnation
Ersticken in einem Reiche.
Man spricht die gleiche Sprache schon,
Doch denkt man nicht das gleiche.

Es überbrückt solch tiefen Riß
Kein Leimen und kein Kleben,
Nur Wut erwächst und Bitternis
Aus dem Zusammenleben.

Entlasse, Deutschland, so mein Schluß,
Die trüben Existenzen
Vom Rheinstrom und vom Isarfluß
Aus deinen engen Grenzen.

O laß sie atmen, laß sie gehn.
Wir wollen ihnen gönnen,
Daß wir, wenn wir sie nicht mehr sehn,
Sie wieder mögen können.

Die Selbstbestimmung war ein Ziel,
Ein schwer errungenes.
Zwei heile Länder sind besser
Als ein gesprungenes.

HEINZ CZECHOWSKI

EC Frankfurt/Main – Bonn

Wie schön doch dieses Land ist, dachte ich,
Ohne zu erröten, als der Zug
Bei Mainz über die Brücke fuhr, verfolgt
Von den beklemmenden Gedanken
An die Gegenwart.
                                        Nein,

Man kann nicht stolz sein
Auf unsere gemeinsame Vergangenheit,
Nicht auf die Landschaft, erhellt
Vom Licht dieses Oktobertages, das jetzt
Auch überm Elbtal liegt
Und überm Ilmpark Weimars.

Auch meine Freundfeinde reden jetzt
Vermutlich über Deutschland und
Über die Folgen der Erfolge.

Schrebergärten,
Betontangenten,
Silos – auch hier. Und plötzlich doch
Der Trost
Eines von der Hand des Menschen
Losgelassenen Stücks Natur.

Ob Vaterland, ob Mutterland –
Noch immer sichtbar
Die unsichtbare Grenze Armut/Wohlstand, quer
Durch Europa. Unwirklich wirklich doch,
Als wären es Kulissen,
Die Berge und die Burgen
Bei Bingerbrück und Rüdesheim. Der Winter kommt.
Er kommt bestimmt. Und keinen Teil
Werden Albaner und Rumänen
Am Sattsein dieses Landes haben.

Der Sand am Rheinufer strahlt makellos.
Ich such ein Wort, das hierher paßt
Wie die Pfalz Kaub mitten im Strom, umspült
Vom Blick Europas, wo sich Deutschland
Wieder zu reden anschickt
Und sich räuspert:
                                        Gott,
Sagt es, liebt mich,
Beim Wein im Nebenabteil,
Nachmittags um drei.
                                        Könnte man
Jetzt wieder Oden schreiben,
Ohne das Ganze mitzubedenken? Doch dann
Schiebt sich ein Dorf bei Leipzig
Mir ins Bewußtsein: die Wackersteine
In meinem Leib
Beginnen wieder zu rumpeln, obwohl ich nicht
Der Wolf des Märchens bin, nicht der
Im Schafspelz und auch nicht der
Im Dienst der Sicherheit.

Hinzenach. In drei
Sehr großen Schwüngen schmiegt sich
Der Strom ins Bett. Ich
Beginne zu begreifen,
Daß jeglicher auf seine Art
Unglücklich oder glücklich werden kann. Die Geschichte,
Auf die wir uns berufen,
Ist eine Ausrede
Vor unsrer Gegenwart,
Von der wir reden,
Ohne zu erröten.

1990/1991

Wolf ... Im Dienst der Sicherheit: Markus Wolf (1923–2006), von 1952 bis 1986 Leiter des Auslandsnachrichtendienstes im Ministerium für Staatssicherheit der DDR. • *Hinzenach:* Ort am Mittelrhein.

THOMAS KLING

rheingau und ohr

ne-
blichte, eigentlich unbelich
tete gegend, das wächst von obn
zu; hier, gegnüber: germania
verhüllt, wagnernd;

gegn-
über hier sei ich geboren; hier
ist der kaiser-samtroß fast indi
luft geflogn, neblichterweise
einmal . . rauhreif, vers-
offne rebn-düsternis

ohr: vielleicht Anspielung auf das »Open Ohr«-Festival, das seit 1975 an Pfingsten auf der Mainzer Zitadelle stattfindet. • *germania:* Niederwalddenkmal mit Kolossalstatue der Germania (1883) bei Rüdesheim. • *kaiser-samtroß:* Kaiser-Wilhelm-Denkmal (1897) am Koblenzer ›Deutschen Eck‹.

B. K. TRAGELEHN

Deutschlandlied

Weil Frankfurt so groß ist
Teilt Vorsicht es ein
In Frankfurt an der Oder
Und Frankfurt am Main.

Den Stall zu vergrößern
Die Mauern zu fällen
Marschieren die Kälber
Die Hunde die bellen.

Das Oder an der Oder
Es war keins, ich weiß!

Das Entweder jubelt
Und ich sitz im Scheiß:

Am Main gibts nichts Neues
An der Oder nichts Altes
Im Ganzen nichts Heißes
Und auch nichts Kaltes.

Und still im Stall
Stehn Ochs und Kuh
Und hörn der großen
Stille zu

Ohne Muh ohne Mäh
Ohne De De Rr-tätä.

1991

Anmerkung Tragelehns: »Montage aus Motiven und Zeilen deutscher Volkslieder, eine Art Potpourri.«

LUTZ RATHENOW

Deutschland

Grüß Heil! Sieg Front! Rot Gott!
Ich liebe Herren, die Hunde beißen.
Hammer zerschlug Sichel. Ährenkranz,
Totentanz. Und nun das D-Mark-Leben.
Zu spät, zu früh, oh Jammerlust –
neuer Staat, neues Gedicht. Spiele,
ich spiele gern: zu-Zu-Zuversicht.

Sommer 91

In der ersten Veröffentlichung in der Anthologie *Grenzfallgedichte* (1991) trägt das Gedicht, das mit politischen Parolen und Ideologien spielt, die Überschrift »Grüß Heil! …«. Auch sonst weist die hier abgedruckte Fassung von 1994 einige Änderungen auf.

Von einem Land und vom andern

Man glaubt's nicht, besieht seine Hände,
im Spiegel sein Gesicht:
Deutschland am anderen Ende
und hier – denn man glaubt es nicht –
ÜBER ALLES, hieß es. Man fände
den Reim heute ohne Gewicht.
Es reimt sich doch alles nicht!

Von einem Land und vom andern
weiß man zu wenig, zu viel.
Mit bloßem Wissen und Wandern
verfehlt ein jeder das Ziel.
Und wenn er es schließlich fände: –
Deutschland am anderen Ende
hat anderes Gewicht.
Über alles ringt man die Hände
bloß. Reimen sollte man nicht:
es sei denn, man verschwände
in einem andern Gedicht,
das ruhig von beiden spricht –
vom anderen und dem einen
und fürchtete sich vor keinem.

Die Wüste wächst

Das hat sich ausgepißt mit der Partei.
Aber, den Sack am Boden schleifend, kriecht sich's
noch immer besser im Kreise als gleich westwärts
sein Utensil geschwenkt. Die Utensilien
kommen von selber aus der bessern Richtung
der Windrose. Wie sagt man da? Doch nicht gleich Westen?
Der ist mobil, besorgt, als wär's das Seine – schon Immobilien.
Merke: das *ganze* Deutschland soll es sein.
Die halbe Sache lohnt nicht erst, die Elbe

Elbe sein zu lassen. Spricht wer von Onanie?
Das Selbstbezichtigen macht süchtig. Wer von der Stasi
spricht, stirbt nicht gleich dran, wird abgewickelt
wie anderes. Man ist doch schließlich
allein, die Seilschaft riß oder sie mußte
zu schnell für zu viel herhalten.
Such dir dein Fressen. Laß dich fertigmachen:
Demütigung ist nicht die Lösung
für die ganz andere Sache: ANSTAND
des Umgangs. Doch der will gelernt sein
west-östlich. Nun erst mal langsam
weiter im Kreise kriechen.
Nicht Hoden, nicht Partei und Schande über Marx:
laß ideologiefrei dich versichern.
Merke: auch zu dir kommt morgen schon
der rechte Makler und
die Wüste wächst nicht erst seit Nietzsche.

Die Wüste wächst: Beginn von Friedrich Nietzsches »Lied des Wanderers und des Schattens« aus dem vierten Teil von *Also sprach Zarathustra* (1885), dann mit den anderen Dionysos-Dithyramben im Anhang der zweiten Ausgabe des vierten Teils des *Zarathustra* (1891) veröffentlicht. • *das ganze Deutschland:* Zitat aus Ernst Moritz Arndts Gedicht »Des Teutschen Vaterland« (s. S. 95). • *nicht erst seit Nietzsche:* Die Bibel enthält eine Reihe von Belegen; vgl. z. B. Jesaja 35,1 ff.

GÜNTER GRASS

Das Unsre

Breit liegt das Land, in dessen Lied wie in Prospekten
sich Schönheit weit gehügelt austrägt, gegen Norden flach,
besiedelt, eng (in dieser Zeit) bis unters Dach.
Wo sich die Kinder einst vor Vaters Zorn versteckten,

ist keine Zuflucht mehr, nein, nichts schließt mehr geheim.
So offen sind wir kenntlich, allseits ausgestellt,
daß jeder Nachbar, ringsum alle Welt
als Unglück treiben sieht, was unsres Glückes Keim.

Wo wir uns finden, hat verkehrte Konjunktur
uns fett gemacht. Dank Leid und Kummer satt,
schlug mästend Elend an als freien Marktes Kur;
und selbst auf unsre Sünden gab's Rabatt.
Still liegt Novemberland, verflucht zum tugendhaften Fleiß,
in Angst vorm Jüngstgericht, dem überhöhten Preis.

Dieses und das folgende Gedicht sind dem Band *Novemberland* (1993) entnommen, einem Zyklus von dreizehn Sonetten, die den 9. November 1989 in eine Tradition mit anderen einschneidenden November-Ereignissen in der deutschen Geschichte stellen (Revolution 1918, Reichspogromnacht 1938 u.a.).

Die Festung wächst

Liegt brach das Land zum Fraß der Krähenschar.
Der Maulwurf mehrt sich, und verdächtig häufig
sind längs den Zäunen fremde Hunde läufig.
Wir sollen zahlen: auf die Hand und bar.

Weil in der Mitte liegend, reich und ungeschützt,
hat planend Furcht ein Bauwerk ausgeschwitzt:
als Festung will Novemberland sich sicher machen
vor Roma, Schwarzen, Juden und Fellachen.

Nach Osten hin soll Polen Grenzmark sein;
so schnell fällt nützlich uns Geschichte ein.
Das Burgenbauen war schon immer unsre Lust,
den Wall zu ziehn, die Mauer zu errichten,
und gegen Festungskoller, Stumpfsinn, Lagerfrust
half stets ein Hölderlin im Brotsack mit Gedichten.

RAINER MALKOWSKI

Was sonst

Alles, wonach ich zum erstenmal
die Hand ausstreckte,
hieß deutsch.

Mein Patriotismus beruht
auf einer Buchstabenkombination.

Ist die Erinnerung an den Klang,
den ein Ding gab,
wenn es mit einem Wort zusammenstieß.

Nicht mehr.
Nicht weniger.

Ich bin
mein Gedächtnis –
was sonst.

WOLF BIERMANN

Um Deutschland ist mir gar nicht bang

Um Deutschland ist mir gar nicht bang
Die Einheit geht schon ihren Gang
unterm Milliardenregen
Wir werden schön verschieden naß
Weh tut die Freiheit und macht Spaß
ein Fluch ist sie, ein Segen

Heimweh nach früher hab ich keins
nach alten Kümmernissen
Deutschland Deutschland ist wieder eins
nur ich bin noch zerrissen

Um Deutschland ist mir gar nicht bang
Die deutsche Wunde ist noch lang
nicht ausgeheilt, es rinnen
Schmerzbäche, wo die Narbe klafft
Nur blutet jetzt der schwarze Saft
statt raus tief tief nach innen

Heimweh nach früher hab ich keins
nach alten Kümmernissen
Deutschland Deutschland ist wieder eins
nur ich bin noch zerrissen

Um Deutschland ist mir gar nicht bang
Und ich als Weltkind mittenmang
ob Wissen oder Glauben
Ob Freund ob Feind, ob Weib ob Mann
Die liebe Muttersprache kann
kein Vaterland mir rauben

Heimweh nach früher hab ich keins
nach alten Kümmernissen
Deutschland Deutschland ist wieder eins
nur ich bin noch zerrissen

RON WINKLER

deutsche demokratische R.

Exquisit war dein Leben hier, Delikat
in der finalen Gesellschaft zur Rettung des Menschen
die Geburt bereits eine Übererfüllung
zum Wohle des Volkes der Gattung Genosse

dein verheimlichtes Ich galt als Projekt
im Sinne der Zukunft und Lenins, Meister von Morgen
auf der Überholspur wie Heimleiter Ulbricht
Seit an Seit mit den Klassikern ohne Zeitverlust

die NEUE ZEIT, die WEITER GESTEIGERT werden konnte
von Planjahr zu Planjahr, volkseigen und souverän
wie die Kuba-Orange, Vitamin für den Frieden,
der Richtung Westen marschierte, im Rücken FEINFROST

in den Adern das Ringen der Lehren, COCA COLA,
Biermann und DER SCHWARZE KANAL, bis (Jahre später)
nicht mehr zu übersehen war: *diese* aufgehende Sonne
wird nie eine aufgegangene Sonne sein

Exquisit ... Delikat: bezieht sich auf die Exquisit- und Delikatläden der DDR, die den ›gehobenen Bedarf‹ an Bekleidung und Kosmetika bzw. Lebensmitteln befriedigen sollten. • *Meister von Morgen:* stehende Redewendung in der DDR; unter der Bezeichnung »Messe der Meister von Morgen (MMM)« organisierte die Freie Deutsche Jugend (FDJ) einen Jugendwettbewerb, der von 1958 an jährlich in Leipzig stattfand. • *Überholspur:* Walter Ulbricht hatte 1957 auf dem V. Parteitag der SED das Ziel proklamiert, die Bundesrepublik ökonomisch zu überholen, und zwar nicht auf bekannten Wegen, sondern – unterstützt durch neue Forschungsstrategien – mit Hilfe innovativer Arbeitsmethoden und Technologien (»Überholen, ohne einzuholen«). • *Ulbricht:* Walter Ulbricht (1893–1973), von 1950 bis 1971 Generalsekretär des Zentralkomitees der SED, dazu seit 1960 Vorsitzender des Staatsrats der DDR; 1971 Entmachtung. • *Seit an Seit:* Anspielung auf das Lied der Arbeiterbewegung »Wann wir schreiten Seit' an Seit'«; Text 1914 von Hermann Claudius, Musik 1915 von Michael Englert; in der DDR im Repertoire der Jugend- und Arbeiterchöre. • *den Klassikern:* den Klassikern des Sozialismus Karl Marx (1818–1883) und Friedrich Engels (1820–1895). • *Neue Zeit:* Zeitung der CDU der DDR (1945–1990). • *Der schwarze Kanal:* politisches Magazin im DDR-Fernsehen von 1960 bis 1989; Autor und Moderator war Karl-Eduard von Schnitzler (1918–2001). • *aufgehende Sonne:* Symbol der FDJ.

dt. demokr. Relikt

zwischen Sandbänken und Stacheldrahtharfen
Prora, Eisenhüttenstadt und Schneeberg II überzeichnet
der ostelbische Traum, eine Seitenmoräne der Geschichte

gegen DIE SELBST VERSCHULDETE ABHÄNGIGKEIT
voneinander eine Fantasie aus der Kategorie *Atlantis,*
kaum mehr als vierzig Jahre in den Atlanten

der visionäre Realismus aus dem Geist der Schwielen –
bis das durch Spruchband und Asche gegangene Volk
zu sich selbst kam und blieb, sanft rebellierend

aus der Deckung potemkinscher Sprache heraus
die gelackmeierten Zungen *zügel los* in die Zukunft
behauptend: ich bin das Ich, und ohne mich geht es nicht

Prora: gigantischer Gebäudekomplex auf Rügen, als Seebad geplant und erbaut für die nationalsozialistische Freizeitorganisation »Kraft durch Freude«. • *Eisenhüttenstadt:* die erste ›sozialistische Stadt‹ der DDR, deren Bau in der Nähe von Fürstenberg (Oder) zusammen mit der Errichtung des Eisenhüttenkombinats Ost auf dem SED-Parteitag von 1950 beschlossen worden war. • *Schneeberg:* Bergwerksstadt im Erzgebirge (zunächst Silber, dann Kobalt und Wismut, nach 1945 Uran). • *Asche:* umgangssprachliche Bezeichnung für den Wehrdienst in der Nationalen Volksarmee der DDR (NVA); »zur Asche gehen«: bei der NVA dienen. • *zügel los:* Anspielung auf den Band *zügel los. prosatexte* von Gabriele (Stötzer-)Kachold (*1953), 1989 im Aufbau-Verlag (Berlin/Weimar) erschienen. Die Schriftstellerin und Künstlerin war wegen ihrer kritischen Haltung starken Repressalien ausgesetzt und wurde 1977 wegen »Staatsverleumdung« zu einem Jahr Gefängnis verurteilt.

JÜRGEN NENDZA

Deutsches en bloc

Wer weiß sich schon einig bei Licht in Sicht
kommt ein deutsches in Fahrt kommt zuerst
kommt ein deutsches ins Geschäft kommt ein
deutsches auf Touren kommt anders ein
deutsches kommt selten allein kommt ein
deutsches auf Rechnung zu Schaden kommt
Zeit kommt ein deutsches zum Ausbruch zum
Einsatz kommt ein deutsches ins Rollen kommt
hoch kommt ein deutsches zum Vorschein
zupaß kommt ein deutsches ein deutsches zur
Sprache kommt über stimmt über alles sich ein

Verzeichnis der Autoren, Gedichte und Druckvorlagen

ANONYM

Georg Forsters Frische Teutsche Liedlein in fünf Teilen. Abdruck nach den ersten Ausgaben 1539, 1540, 1549, 1556 […]. Hrsg. von M. Elizabeth Marriage. Halle (Saale): Max Niemeyer, 1903. S. 164 f. (III,80).

Schleswigsches Journal. Erster Band, 1793. Januar bis April. Altona: J. F. Hammerich. Reprogr. Nachdr. Nendeln (Liechtenstein): Kraus Reprint, 1972. S. 379–382.

Neuer Niedersächsischer Merkur. Erstes Heft. Uppsala: Gustav Erichson, 1797. Reprogr. Nachdr. Nendeln (Liechtenstein): Kraus Reprint, 1972. S. 122 f.

HANS ASSMANN (ERASMUS) VON ABSCHATZ (1646–1699)

H. A. v. A.: Poetische Ubersetzungen und Gedichte. Leipzig/Breslau: Christian Bauch, 1704. Reprogr. Nachdr. Hrsg. von Erika A. Metzger. Bern: Lang, 1970. S. 59 [der »Ehren-Gedichte« mit eigener Seitenzählung].

HEINRICH ANACKER (1901–1971)

H. A.: Die Trommel. S.A.-Gedichte. München: Zentralverlag der N.S.D.A.P. Franz Eher Nachf., ⁴1936. S. 12 (1). – H. A.: Wir wachsen in das Reich hinein. München: Zentralverlag der N.S.D.A.P. Franz Eher Nachf., ³1942. S. 10 (2).

ERNST MORITZ ARNDT (1769–1860)

E. M. A.: Lieder für Teutsche. [o. O.] 1813. S. 81–83 (1). – S. 99–101 (2).

ROSE AUSLÄNDER (1901–1988)

R. A.: Mutterland. Einverständnis. Gedichte. Frankfurt a. M.: Fischer Taschenbuch Verlag, 1982. S. 17. –

INGEBORG BACHMANN (1926–1973)

I. B.: Werke. Bd. 1: Gedichte. München: Piper, 1978. S. 44 f. – © 1978 Piper Verlag GmbH, München.

KURT BARTSCH (1937–2010)

K. B.: Die Hölderlinie. Deutschdeutsche Parodien. Berlin: Rotbuch-Verlag, 1983. S. 10 (1). – K. B.: Weihnacht ist und Wotan reitet. Berlin: Rotbuch-Verlag, 1985. S. 82 (2).

JOHANNES R. BECHER (1891–1958)

J. R. B: Gesammelte Werke. 18 Bde. Hrsg. vom Johannes-R.-Becher-Archiv der Deutschen Akademie der Künste zu Berlin. Bd. 1: Ausgewählte Gedichte 1911–1918. Berlin: Aufbau Verlag, 1966. S. 73 f. (1). – © 1966 Aufbau Verlag GmbH & Co. KG, Berlin. (Das Werk erschien erstmals 1966 im Aufbau Verlag.) – Gesammelte Werke. Bd. 4: Gedichte 1936–1941. Berlin 1966. S. 13 f. (2). – © 1966 Aufbau Verlag GmbH & Co. KG, Berlin. (Das Werk erschien erstmals 1966 im Aufbau Verlag.) – Gesammelte Werke. Bd. 6: Gedichte 1949–1958. Berlin 1973. S. 61 (3). – © 1973 Aufbau Verlag GmbH & Co. KG, Berlin. (Das Werk erschien erstmals 1973 im Aufbau Verlag.) (Aufbau ist eine Marke der Aufbau Verlag GmbH & Co. KG.)

NICOLAUS BECKER (1809–1845)

N. B.: Gedichte. Köln: DuMont-Schauberg, 1841. S. 216–218.

WOLF BIERMANN (*1936)

W. B.: Preußischer Ikarus. Lieder, Balladen, Gedichte, Prosa. Köln: Kiepenheuer & Witsch, 1978. S. 103 f. (1) – Copyright © 1978 by Wolf Biermann. – W. B.: Paradies uff Erden. Köln: Kiepenheuer & Witsch, 1999. S. 11. – Copyright © 1999 by Wolf Biermann.

VOLKER BRAUN (*1939)

V. B.: Lustgarten. Preußen. Ausgewählte Gedichte. Frankfurt a. M.: Suhrkamp, 1996. S. 74 (1). – S. 141 (2). – S. 147 (3).– © 1996 Suhrkamp Verlag, Frankfurt am Main.

BERTOLT BRECHT (1898–1956)

B. B.: Werke. Große kommentierte Berliner und Frankfurter Ausgabe. Hrsg. von Werner Hecht [u. a.]. Berlin/Weimar: Aufbau-Verlag / Frankfurt a. M.: Suhrkamp. Bd. 13: Gedichte 3. 1993. S. 171 f. (1) – Bd. 11: Gedichte 1. 1988. S. 253 f. (2). – Bd. 15: Gedichte 5. 1993. S. 207 f. (3). – Bd. 12: Gedichte 2. 1988. S. 294 f. (4). – Bd. 15: Gedichte 5. 1993. S. 260 (5). – Bd. 12: Gedichte 2. 1988. S. 310 (6). – © 1988, 1993 Suhrkamp Verlag, Frankfurt am Main.

KARL BRÖGER (1886–1944)

Simplicissimus. 19. Jg. Nr. 41, 12. Januar 1915. S. 536. – Mit Genehmigung der Fränkischen Verlagsanstalt und Buchdruckerei GmbH. Nürnberg.

GOTTFRIED AUGUST BÜRGER (1747–1794)

Adolf Strodtmann: Bürger's politische Ansichten. Nach ungedruckten Briefen, Gedichten und Aufsätzen seines literarischen Nachlasses. In: Neue Monatshefte für Dichtkunst und Kritik 1 (1875) S. 224.

HERMANN BURTE (1879–1960)

H. B.: Anker am Rhein. Eine Auswahl Neuer Gedichte. Leipzig: Haessel, 1938. S. 6.

PAUL CELAN (1920–1970)

P. C.: Werke. Tübinger Ausgabe. Hrsg. von Jürgen Wertheimer. Mohn und Gedächtnis. Vorstufen – Textgenese – Endfassung. Bearb. von Heino Schmull unter Mitarb. von Christiane Braun. Frankfurt a. M.: Suhrkamp, 2004. S. 57–59. – © 1952 Deutsche Verlags-Anstalt, München, in der Verlagsgruppe Random House GmbH.

NATHAN CHYTRAEUS (1543–1598)

Poematvm Nathanis Chytraei praeter sacra omnivm libri septendecim. Rostock: Stephanus Myliander, 1579. Bl. 133^{v}. – Lateinische Gedichte deutscher Humanisten. Lat./Dt. Ausgew., übers. und erl. von Harry C. Schnur. Stuttgart: Reclam, ^{2}1978. S. 57 (Übersetzung).

HEINZ CZECHOWSKI (1935–2009)

H. C.: Nachtspur. Gedichte und Prosa 1987–1992. Zürich: Ammann, 1993. S. 202–204. – Mit Genehmigung von Bert Czechowski, Hamburg.

FELIX DAHN (1834–1912)

F. D.: Sämtliche Werke poetischen Inhalts. Leipzig: Breitkopf & Härtel. Bd. 17. 1898. S. 104 (1). – Bd. 18. 1899. S. 478 (2).

FRANZ DINGELSTEDT (1814–1881)

F. D.: Lieder eines kosmopolitischen Nachtwächters. 2. Aufl. Hamburg: Hoffmann und Campe, 1842. S. 103–105 (1). – F. D.: Nacht und Morgen. Neue Zeit-Gedichte. Stuttgart/Tübingen: Cotta, 1851. S. 108 (2). – Ebd. S. 123 (3). – Ebd. S. 135 (4).

RICHARD DEHMEL (1863–1920)

R. D.: Volksstimme Gottesstimme. Kriegsgedichte. Hamburg: Herold'sche Buchhandlung, 1914. S. [5 f.].

FRIEDRICH CHRISTIAN DELIUS (*1943)

F. C. D.: Kerbholz. Gedichte. Berlin: Wagenbach, 1965. S. 29. – Mit Genehmigung von Friedrich Christian Delius, Berlin.

HILDE DOMIN (1909–2006)

H. D.: Ich will dich. Gedichte. Erw. Neuausg. Frankfurt a. M.: Fischer Taschenbuch Verlag, 1995. S. 14–18. – © 1995 S. Fischer Verlag GmbH, Frankfurt am Main.

DIETRICH ECKART (1868–1923)

Dietrich Eckart. Ein Vermächtnis. Hrsg. und eingel. von Alfred Rosenberg. München; Franz Eher Nachf., 1928. S. 66.

JOSEPH VON EICHENDORFF (1788–1857)

J. v. E.: Gedichte. Berlin: Duncker und Humblot, 1837. S. 204.

KARL FOLLEN (1796–1840)

[Hans Ferdinand Maßmann:] Kurze und wahrhaftige Beschreibung des großen Burschenfestes auf der Wartburg bei Eisenach am 18ten und 19ten des Siegesmonds 1817. (Nebst Reden und Liedern.) Gedruckt in diesem Jahr. S. 63 f.

FERDINAND FREILIGRATH (1810–1876)

F. F.: Ein Glaubensbekenntniß. Zeitgedichte. Mainz: Victor von Zabern, 1844. S. 253–257 (1). – F. F.: Neue Gedichte. Stuttgart: Cotta, 1877. S. 229–232 (2).

EMANUEL GEIBEL (1815–1884)

E. G.: Zeitstimmen. Gedichte. Lübeck: Friedrich Aschenfeldt, 1843. S. 45–47 (1). – E. G.: Heroldsrufe. Aeltere und neuere Zeitgedichte. Stuttgart: Cotta, 1871. S. 116–118 (2).

ADOLF GLASSBRENNER (1810–1876)

A. G.: Unterrichtung der Nation. Ausgewählte Werke und Briefe. Hrsg. von Horst Denkler [u.a.]. Bd. 2. Köln: Informationspresse – C. W. Leske Verlag, 1981. S. 181 (1). – S. 243 (2).

JOHANN WOLFGANG GOETHE (1749–1832)
FRIEDRICH SCHILLER (1759–1805)

Musen-Almanach für das Jahr 1797. Hrsg. von Friedrich Schiller. Tübingen: Cotta, 1796. S. 222 (1, 2).

RUDOLF GOTTSCHALL (1823–1909)

Anonym [R. G.]: Lieder der Gegenwart. Königsberg: Theodor Theile, 1842. S. 29 f.

GÜNTER GRASS (*1927)

G. G.: Sämtliche Gedichte 1956–2007. Hrsg. von Werner Frizen. München: Deutscher Taschenbuch Verlag, 2007. S. 285 (1). – S. 293 (2). – © Steidl Verlag, Göttingen.

JULIUS GROSSE (1828–1902)

Gegen Rom! Zeitstimmen Deutscher Dichter. Hrsg. von Ernst Scherenberg. Elberfeld: Bädeker'sche Buch- und Kunsthandlung, 1874. S. 38 f.

DURS GRÜNBEIN (*1962)

D. G.: Schädelbasislektion. Gedichte. Frankfurt a. M. 1991. S. 111 (1). – S. 61 (2). – © 1991 Suhrkamp Verlag, Frankfurt am Main.

ANDREAS GRYPHIUS (1616–1664)

Threnen des Vatterlandes / Anno 1636 65

A. G.: Frühe Sonette. Abdruck der Ausgaben von 1637, 1643 und 1650. Hrsg. von Marian Szyrocki. Tübingen: Niemeyer, 1964. S. 48.

PETER HACKS (1928–2003)

Gebrechlicher Vielvölkerstaat 206

P. H.: Werke. Bd. 1: Die Gedichte. Berlin: Eulenspiegel Verlag, 2003. S. 331. – © 2003 Eulenspiegel Verlag, Berlin.

HARRO HARRING (1798–1870)

Deutschland 108

H. H.: Blutstropfen. Deutsche Gedichte. Straßburg, Zu haben bei'm Verfasser, Thomasplatz Nr. 3. 1832. S. 12 f.

HEINRICH HEINE (1797–1856)

(1) Nachtgedanken 126
(2) Zur Beruhigung 128
(3) Die schlesischen Weber 129

H. H.: Neue Gedichte. Hamburg: Hoffmann und Campe, 1844. S. 274–276 (1). – S. 266–268 (2). – Album. Originalpoesieen [!] von George Werth [...] und dem Herausgeber H. [Heinrich] Püttmann. Borna: Albert Reiche, 1847. S. 145 f. (3)

LUISE HENSEL (1798–1876)

Lied 97

L. H.: Lieder. Vierte vermehrte Auflage. Paderborn: Ferdinand Schöningh, 1879. S. 423–425.

GEORG HERWEGH (1817–1875)

(1) Protest 116
(2) Wiegenlied 125
(3) Der schlimmste Feind 141
(4) Epilog zum Kriege 143

G. H.: Gedichte eines Lebendigen. Zürich/Winterthur: Verlag des literarischen Comptoirs, 1841. S. 50–52 (1). – G. H.: Gedichte eines Lebendigen. Zweiter Band. Zürich/Winterthur: Verlag des literarischen Comptoirs, 1843. S. 88 f. (2). – G. H.: Neue Gedichte. Herausgegeben nach seinem Tode. Zürich: Verlags-Magazin, 1877. S. 211–213 (3). – S. 214 f. (4).

WOLFGANG HILBIG (1941–2007)

deutscher morgen 195

W. H.: abwesenheit. gedichte. Frankfurt a. M.: S. Fischer, 1979. S. 34. – © 1979 S. Fischer Verlag GmbH, Frankfurt am Main.

FRIEDRICH HÖLDERLIN (1770–1843)

Gesang des Deutschen 86

F. H.: Sämtliche Werke. Frankfurter Ausgabe. Bd. 5: Oden II. Hrsg. von D. E. Sattler und Michael Knaupp. Frankfurt a. M.: Roter Stern, 1984. S. 632–634.

LUDWIG CHRISTOPH HEINRICH HÖLTY (1748–1776)

Bundsgesang 74

»Für Klopstock«. Ein Gedichtband der Göttinger ›Hains‹, 1773. Nach der Handschrift im Hamburger Klopstock-Nachlaß zum erstenmal hrsg. [...] von Anton Lübbering. Tübingen: Niemeyer, 1957. S. 19.

AUGUST HEINRICH HOFFMANN VON FALLERSLEBEN (1798–1874)

(1) Das Lied der Deutschen 117
(2) An die deutschen Kriegspoeten von 1870 und 1871 145

H. v. F.: Das Lied der Deutschen. Hamburg: Hoffmann und Campe, 1. Sept. 1841. Faksimile in: Guido Knopp / Ekkehard Kuhn: Das Lied der Deutschen. Schicksal einer Hymne. Berlin / Frankfurt a. M.: Ullstein, ^{2}1990. Abbildungsteil. (1). – H. v. F.: Auswahl in drei Teilen. Zweiter Teil. Hrsg. von Augusta Weldler-Steinberg. Berlin [u. a.]: Bong, o. J. [1912]. S. 151 (2).

PETER HUCHEL (1903–1981)

Deutschland 176

P. H.: Gedichte. Berlin: Aufbau-Verlag, 1948. S. 82. – © Nachlass Peter Huchel, Berlin.

KARL IMMERMANN (1796–1840)

Dithyrambus 104

K. I.: Gedichte. Neue Folge. Stuttgart/Tübingen: Cotta, 1830. S. 196–198.

MANFRED JENDRYSCHIK (*1943)

Jahrbuch der Lyrik 1990/91. Hrsg. von Christoph Buchwald und Karl Mickel. Frankfurt a. M.: Luchterhand, 1990. S. 34. – Mit Genehmigung von Manfred Jendryschik, Leipzig.

BERND JENTZSCH (*1940)

B. J.: Quartiermachen. Gedichte. München: Hanser, 1978. S. 76. – Mit Genehmigung von Bernd Jentzsch, Euskirchen.

ERICH KÄSTNER (1899–1974)

E. K.: Herz auf Taille. 2., erw. Aufl. Leipzig/Wien: C. Weller, 1928. S. 40 f. (1). – © Atrium Verlag, Zürich 1928 und Thomas Kästner. – E. K:. Ein Mann gibt Auskunft. Berlin/Stuttgart: Deutsche Verlags-Anstalt, 1930. S. 10–12 (2). – © Atrium Verlag, Zürich 1930 und Thomas Kästner.

MASCHA KALÉKO (1907–1975)

M. K.: Verse für Zeitgenossen. Cambridge (Mass.): Schoenhof, 1945. S. 22 f. [Erstveröffentlichung.] – »Hoere, Teutschland« unter dem Titel »Hoere, Teutschland (Hear Germany)« auch in: M. K.: Die paar leuchtenden Jahre. München: Deutscher Taschenbuch Verlag, 2003. © 2003 Deutscher Taschenbuch Verlag, München. – Copyright für die englische Version: © 1975 Gisela Zoch-Westphal.

MARIE LUISE KASCHNITZ (1901–1974)

M. L. K.: Ein Wort weiter. Gedichte. Hamburg: Claassen, 1965. S. 60. – © 1965 Claassen Verlag in der Ullstein Buchverlage GmbH, Berlin.

KLABUND (d. i. Alfred Henschke) (1890–1928)

K.: Die Harfenjule. Neue Zeit-, Streit- und Leidgedichte. [Berlin]: Die Schmiede, [1927]. S. 3 f.

HEINRICH VON KLEIST (1777–1811)

H. v. K.: Rußlands Triumph 1812 oder das erwachte Europa. Eingel. von Fritz Lange. Berlin: Rütten & Loening, 1953. S. 133–135.

THOMAS KLING (1957–2005)

T. K.: brennstabm. Gedichte. Frankfurt a. M.: Suhrkamp, 1991. S. 124.–

FRIEDRICH GOTTLIEB KLOPSTOCK (1724–1803)

Klopstocks Werke. Erster Band. Oden. Erster Band. Leipzig: Georg Joachim Göschen, 1798. S. 296–299 (1). – S. 300 f. (2). – Klopstocks Werke. Zweyter Band. Oden. Zweyter Band. Leipzig: Georg Joachim Göschen, 1798. S. 130 f. (3).

THEODOR KÖRNER (1791–1813)

T. K.: Leyer und Schwerdt. Wien [o. V.], 1814. S. 24 f.

UWE KOLBE (*1957)

U. K.: Hineingeboren. Gedichte 1975–1979. Berlin/Weimar: Aufbau-Verlag, 1980. S. 48 (1). – – U. K.: Vaterlandskanal. Ein Fahrtenbuch. Frankfurt a. M.: Suhrkamp, 1990. S. 86 (2). –

KARL KROLOW (1915–1999)

K. K.: Ich höre mich sagen. Gedichte. Frankfurt a. M.: Suhrkamp, 1992. S. 45 (1), S. 73 (2). –

REINER KUNZE (*1933)

R. K.: Ein tag auf dieser erde. gedichte. Frankfurt a. M.: S. Fischer, 1998. S. 60. –

NIKOLAUS LENAU
(d.i. Nikolaus Franz Niembsch, Edler von Strehlenau; 1802–1850)

N. L.: Gedichte. Dritte Auflage. Stuttgart/Tübingen: Cotta, 1837. S. 222 f.

ADOLF FREIHERR VON LEUTRUM-ERTINGEN (1817–1861)

A. v. L.-E.: Gedichte. Hannover: Ludwig Ehlermann, 1850. S. 45 f. (1). – Deutscher Musenalmanach. Hrsg. von Christian Schad. Würzburg: Stahel'sche Buchhandlung, 5. Jg., 1855. S. 210 f.

FRIEDRICH LIENHARD (1865–1929)

F. L.: Burenlieder. Leipzig/Berlin: Georg Heinrich Meyer, 1900. S. 31.

DETLEV VON LILIENCRON (1844–1909)

D. v. L.: Gute Nacht. Hinterlassene Gedichte. Berlin: Schuster & Loeffler, 1909. S. 13 f.

ERNST LISSAUER (1882–1937)

1914. Der Deutsche Krieg im Deutschen Gedicht. 1. »Aufbruch und Anfang«. Ausgew. von Julius Bab. Berlin: Morawe und Scheffelt, 1914. S. 46.

FRIEDRICH VON LOGAU (1605–1655)

F. v. L.: Sinngedichte. Hrsg. von Ernst-Peter Wieckenberg. Stuttgart: Reclam, 1984. S. 47 (I,3,52) (1). – S. 59 f. (I,6,18) (2).

PETER MAIWALD (1946–2008)

P. M.: Balladen vom Samstag auf Sonntag. Gedichte. Stuttgart: Deutsche Verlagsanstalt, 1984. – © 1984 Deutsche Verlags-Anstalt, München, in der Verlagsgruppe Random House GmbH.

RAINER MALKOWSKI (1939–2003)

R. M.: Hunger und Durst. Gedichte. Frankfurt a. M.: Suhrkamp, 1997. S. 42. – © 1997 Suhrkamp Verlag, Frankfurt am Main.

HANS FERDINAND MASSMANN (1797–1874)

[Eduard Fischer (Hrsg.):] Deutsches Liederbuch zunächst zum Gebrauch für Hochschulen. Stuttgart: J. B. Metzler, 1823. S. 267 f.

CHRISTOPH MECKEL (*1935)

C. M.: Nebelhörner. Gedichte. Stuttgart: Deutsche Verlagsanstalt, 1959. Nachdruck Leverkusen/Köln: Literarischer Verlag Helmut Braun, 1977. S. 40. – Mit Genehmigung von Christoph Meckel, Berlin.

EDUARD MÖRIKE (1804–1875)

Lieder zu Schutz und Trutz. Gaben deutscher Dichter aus der Zeit des Krieges in den Jahren 1870 und 1871. Ges. und hrsg. von Franz Lipperheide. Vierte Sammlung. Februar bis Juli 1871. Berlin: Franz Lipperheide, 1871. S. 131. [Faksimile.]

BÖRRIES FREIHERR VON MÜNCHHAUSEN (1874–1945)

Deutsche Dichtung im Weltkrieg. 1914–1918. Bearb. von Ernst Volkmann. Leipzig: Reclam, 1934. S. 283 f. (Deutsche Literatur in Entwicklungsreihen. Reihe Politische Dichtung. Bd. 8.)

JÜRGEN NENDZA (*1957)

Von einem Land und vom andern. Gedichte zur deutschen Wende 1989/90. Mit einem Essay hrsg. von Karl Otto Conrady. Frankfurt a. M.: Suhrkamp, 1993. S. 103. – Mit Genehmigung von Jürgen Nendza, Aachen.

JOHANN HEINRICH CHRISTOPH NONNE (1785–1853)

J. H. C. N.: Vermischte Gedichte und Parabeln. Duisburg /Essen: Bädeker und Kürzel, 1815. S. 219–221.

AUGUST VON PLATEN (1796–1835)

(1) Vermächtniß der sterbenden Polen an die Deutschen 106
(2) Deutsche Charaktere 107
(3) Frage eines Ausländers 108

A. v. P.: Gedichte aus dem ungedruckten Nachlasse des Grafen August von Platen-Hallermünde. Straßburg: G. L. Schuler, 1839. S. 24 f. (1). – A. v. P.: Sämtliche Werke in zwölf Bänden. Hist.-krit. Ausg. Hrsg. von Max Koch und Erich Petzet. Bd. 4. Leipzig: Hesse, o. J. [1909]. S. 166 (2, 3).

ROBERT PRUTZ (1816–1872)

Deutsche Einheit 135

R. P.: Neue Gedichte. Mannheim: J. P. Grohe, 1849. S. 120 f.

LUTZ RATHENOW (*1952)

Deutschland 210

L. R.: Verirrte Sterne oder Wenn alles wieder mal anders kommt. Gedichte. Gifkendorf: Merlin, 1994. S. 28. –

FRIEDRICH RÜCKERT (1881–1866)

Grammatische Deutschheit 103

Urania. Taschenbuch auf das Jahr 1819. Neue Folge, erster Jahrgang. Leipzig: F. A. Brockhaus, 1819. S. 400.

PETER RÜHMKORF (1929–2008)

Variation auf »Gesang des Deutschen« von Friedrich Hölderlin 188

P. R.: Werke. Bd. 1: Gedichte. Hrsg. von Bernd Rauschenbach. Kunststücke. Fünfzig Gedichte nebst einer Anleitung zum Widerspruch. Reinbek: Rowohlt, 2000. S. 233–235. –

FERDINAND VON SAAR (1833–1906)

(1) Viel gift'ge Zungen sind umsonst bemühet 138
(2) Germania 149

Jakob Minor: Ferdinand v. Saar als politischer Dichter. In: Österreichische Rundschau 32 (1912) S. 195 (1). – F. v. S.: Sämtliche Gedichte. Hrsg. von Jakob Minor. Zweiter Band. Gedichte Erster Teil. Leipzig: Max Hesse, o. J. [1908]. S. 181 (2).

GEORG SABINUS (1508–1560)

Elegia XII. ad Germaniam / Elegie 12. An Deutschland 61

Lateinische Gedichte deutscher Humanisten. Lat./Dt. Ausgew., übers. und erl. von Harry C. Schnur. Stuttgart: Reclam, ^{2}1978. S. 356 f.

FRIEDRICH VON SALLET (1812–1843)

Ächtes Deutschtum 121

F. v. S.: Gesammelte Gedichte. o.O. [Königsberg]: Im Verlage des Verfassers, 1843. S. 365–367.

WENCEL SCHERFFER VON SCHERFFENSTEIN (um 1598/99–1674)

Teutschland 66

Wencel Scherffers Geist: und Weltlicher Gedichte Erster Teil. Brieg: Christoph Tschorn, 1652 [Neudruck. Hrsg. von Ewa Pietrzak. Tübingen: Niemeyer, 1997]. S. 676.

FRIEDRICH SCHILLER (1759–1805)

Deutschland und seine Fürsten 84

Musen-Almanach für das Jahr 1796. Hrsg. von F. S. Neustrelitz [o. V.], [1795]. S. 53.

FRIEDRICH SCHLEGEL (1772–1829)

Gelübde 91

F. S.: Gedichte. Berlin: Julius Eduard Hitzig, 1809. S. 387 f.

MAX SCHNECKENBURGER (1819–1849)

Die Wacht am Rhein 114

Deutsche Lieder von Max Schneckenburger. Auswahl aus seinem Nachlaß. Stuttgart: J. B. Metzler, 1870. S. 19 f.

RUDOLF ALEXANDER SCHRÖDER (1878–1962)

(1) Deutscher Schwur 155
(2) Hymne 184

R. A. S.: Heilig Vaterland. Kriegsgedichte. Leipzig: Insel Verlag, 1914. S. 5 f. (1). – © 1914 Insel Verlag, Leipzig. – R. A. S.: Gesammelte Werke. Bd. 1. Die Gedichte. Frankfurt a. M.: Suhrkamp, 1952. S. 501 (2). – © 1952 Suhrkamp Verlag, Frankfurt am Main.

CHRISTIAN FRIEDRICH DANIEL SCHUBART (1739–1791)

C. F. D. S.: Vaterlandschronik von 1789. Zweites Halbjahr. Stuttgart: Verlag des Kaiserl. Reichspostamtes, [1789]. S. 472.

ERIKA SPANN-RHEINSCH (1880–1967)

Deutsche Dichtung im Weltkrieg. 1914–1918. Bearb. von Ernst Volkmann. Leipzig: Reclam, 1934. S. 282. (Deutsche Literatur in Entwicklungsreihen. Reihe Politische Dichtung. Bd. 8.)

FRIEDRICH LEOPOLD GRAF ZU STOLBERG (1750–1819)

Gedichte der Brüder Christian und Friedrich Leopold Grafen zu Stolberg. Hrsg. von Heinrich Christian Boie. Leipzig: Weygandsche Buchhandlung, 1779. S. 60–63.

FRIEDRICH STOLTZE (1816–1891)

F. S.: Ausgewählte Gedichte und Erzählungen in Frankfurter Mundart. Hrsg. von Otto Hörth. Frankfurt a. M.: Heinrich Keller, [3]1913. S. 314.

EVA STRITTMATTER (1930–2011)

Grenzfallgedichte. Eine deutsche Anthologie. Hrsg. von Anna Chiarloni und Helga Pankoke. Berlin/Weimar: Aufbau Verlag, 1991. S. 7. – © 1991 Aufbau Verlag GmbH & Co. KG, Berlin. (Das Werk erschien erstmals 1991 im Aufbau Verlag; Aufbau ist eine Marke der Aufbau Verlag GmbH & Co. KG.)

BERNHARD K. TRAGELEHN (*1936)

B. K. T.: NÖSPL. Gedichte 1956–1991. 2. erw. Aufl. Basel / Frankfurt a. M.: Stroemfeld / Roter Stern, 1996. S. 113 (1). – S. 147 (2). – © 1996 Stroemfeld Verlag, Basel / Frankfurt a. M.

KURT TUCHOLSKY (1890–1935)

K. T.: Gesammelte Werke. Hrsg. von Mary Gerold-Tucholsky und Fritz J. Raddatz. Reinbek: Rowohlt. Bd. 1: 1907–1924. 1960. S. 1128 (1). – Bd. 3: 1929–1932. 1961. S. 417 (2).

LUDWIG UHLAND (1787–1862)

L. U.: Gedichte. Neunte Auflage. Stuttgart/Tübingen: Cotta, 1835. S. 137–140.

JOHANN PETER UZ (1720–1796)

J. P. U.: Lyrische und andere Gedichte. Neue und um die Hälfte vermehrte Auflage. Ansbach: Jacob Christoph Posch, 1755. S. 33–35.

WILL VESPER (1882–1962)

W. V.: Vom großen Krieg 1914. Gedichte. München: Beck, 1915. S. 23 f. (1). – Mit Genehmigung des Verlags C. H. Beck, München. – Kranz des Lebens. Gesamtausgabe meiner Gedichte. München: Langen/Müller, 1934. S. 138 (2).

BERTHOLD VIERTEL (1885–1953)

B. V.: Daß ich in dieser Sprache schreibe. Gesammelte Gedichte. Hrsg. von Günther Fetzer. München: Hanser, 1991. S. 119 f. – © 1981 Carl Hanser Verlag, München.

ARTHUR VON WALLPACH (1866–1946)

A. v. W.: Sturmglock'. Politische und soziale Gedichte. Linz [u. a.]: Österreichische Verlagsanstalt, [1902]. S. 35 f.

WALTHER VON DER VOGELWEIDE (um 1170 – um 1230)

W. v. d. V.: Gesamtausgabe. Mhd./Nhd. Hrsg., übers. und komm. von Günther Schweikle. Bd. 2: Liedlyrik. Stuttgart: Reclam, 1986 [u. ö.]. S. 158–163.

GEORG RODOLF WECKHERLIN (1584–1653)

G. R. W.: Gaistliche und Weltliche Gedichte. Amsterdam: Johann Jansson, 1641. S. 155.

ERNST VON WILDENBRUCH (1845–1909)

E. v. W.: Gesammelte Werke. Hrsg. von Berthold Litzmann. Bd. 15. Berlin: G. Grotesche Verlagsbuchhandlung, 1924. S. 511 f.

RON WINKLER (*1937)

Jahrbuch der Lyrik 2004. Hrsg. von Christoph Buchwald und Michael Krüger. München: Beck, 2003. S. 94 (1). – S. 95 (2). – Mit Genehmigung von Ron Winkler, Berlin.

Literaturhinweise

Aufgeführt werden einige Anthologien der letzten Jahrzehnte und eine kleine Auswahl neuerer wissenschaftlicher Arbeiten, die mit ihren z.T. ausführlichen Bibliographien weiterführen können.

Anthologien

Deutsche Literatur in Entwicklungsreihen. Reihe Politische Dichtung. Leipzig: Reclam, 1930–39.

Bd. 1: Vor dem Untergang des alten Reichs. 1756–1795. Hrsg. von Emil Horner. 1930.

Bd. 2: Fremdherrschaft und Befreiung. 1795–1815. Bearb. von Robert Arnold. 1932.

Bd. 3: Um Einheit und Freiheit. 1815–1848. Bearb. von Ernst Volkmann. 1936.

Bd. 4: Der österreichische Vormärz. 1816–1847. Bearb. von Otto Rommel. 1931.

Bd. 5: Die Dichtung der ersten deutschen Revolution. 1848–1849. Hrsg. von Elfriede Underberg. 1930.

Bd. 6: Dem neuen Reich entgegen. 1850–1871. Bearb. von Helene Adolf. 1930.

Bd. 7: Im Neuen Reich. 1871–1914. Bearb. von Helene Adolf. 1932.

Bd. 8: Deutsche Dichtung im Weltkrieg. 1914–1918. Bearb. von Ernst Volkmann. 1934.

Bd. 9: nicht erschienen.

Bd. 10: Heimkehr ins Reich. Großdeutsche Dichtung aus Ostmark und Sudetenland. 1866–1938. Hrsg. von Heinz Kindermann. 1939.

Burschenschaftliche Dichtung von der Frühzeit bis auf unsere Tage. Eine Auslese. Hrsg. von Friedrich Harzmann. Heidelberg: Winter, 1930.

Deutsche Teilung. Ein Lyrik-Lesebuch. Hrsg. von Kurt Morawietz. Wiesbaden: Limes, 1966.

Deutschland Deutschland. Politische Gedichte vom Vormärz bis zur Gegenwart. Ausgew. und hrsg. von Helmut Lamprecht. Bremen: Schünemann, 1969.

Einigkeit und aus Ruinen. Eine deutsche Anthologie. Hrsg. von Heinz Ludwig Arnold. Frankfurt a. M.: S. Fischer, 1999.

Gedichte und Lieder deutscher Jakobiner. Hrsg. von Hans-Werner Engels. Stuttgart: Metzler, 1971.

Von großen und von kleinen Zeiten. Politische Lyrik von den Bauernkriegen bis zur Gegenwart. Hrsg. von Thomas Rothschild. Frankfurt a. M.: Fischer Taschenbuch Verlag, 1981.

Lyrik des Exils. Hrsg. von Wolfgang Emmerich und Susanne Heil. Stuttgart: Reclam, 1985.

Grenzfallgedichte. Eine deutsche Anthologie. Hrsg. von Anna Chiarloni und Helga Pankoke. Berlin/Weimar: Aufbau Verlag, 1991.

Politische Gedichte der Deutschen aus acht Jahrhunderten. Hrsg. von Hans-Heinrich Reuter. Leipzig: Insel Verlag, 1960.

Von einem Land und vom andern. Gedichte zur deutschen Wende 1989/1990. Mit einem Essay hrsg. von Karl Otto Conrady. Frankfurt a.M.: Suhrkamp, 1993.

Weitere Literatur

Geschichte der politischen Lyrik. Hrsg. von Walter Hinderer. Würzburg: Königshausen & Neumann, 2007. [Aktualisierte und z.T. veränderte und ergänzte Neuauflage der Ausgabe Stuttgart: Reclam, 1978. Mit ausführlichen Bibliographien.]

Geschichte im Gedicht. Texte und Interpretationen. Hrsg. von Walter Hinck. Frankfurt a.M.: Suhrkamp, 1979.

Grab, Walter / Friesel, Uwe: Noch ist Deutschland nicht verloren. Eine historisch-politische Analyse unterdrückter Lyrik von der Französischen Revolution bis zur Reichsgründung. München: Hanser, 1970.

Hinck, Walter: Von Heine zu Brecht. Lyrik im Geschichtsprozeß. Frankfurt a.M.: Suhrkamp, 1978.

Hitzer, Bettina: Schlüssel zweier Welten. Politisches Lied und Gedicht von Arbeitern und Bürgern 1848–1875. Bonn – Bad Godesberg: Friedrich-Ebert-Stiftung, 2001.

Kahl, Paul: Das Bundesbuch des Göttinger Hains. Edition – Historische Untersuchung – Kommentar. Tübingen: Niemeyer, 2006.

Knopp, Guido / Kuhn, Ekkehard: Das Lied der Deutschen. Schicksal einer Hymne. Berlin / Frankfurt a.M.: Ullstein, ^{2}1990.

Lamping, Dieter: ›Wir leben in einer politischen Welt.‹ Lyrik und Politik seit 1945. Göttingen: Vandenhoeck & Ruprecht, 2008.

Peters, Sebastian: Ein Lied mehr zur Lage der Nation. Politische Inhalte in deutschsprachigen Popsongs. Berlin: Archiv der Jugendkulturen Verlag, 2010.

Schöne, Albrecht: Über politische Lyrik im 20. Jahrhundert. Göttingen: Vandenhoeck & Ruprecht, ^{2}1969.

Schröder, Jürgen: Deutschland als Gedicht. Über berühmte und berüchtigte Deutschland-Gedichte aus fünf Jahrhunderten in fünfzehn Lektionen. Freiburg i.Br.: Rombach, 2000. [Mit ausführlicher Bibliographie.]

Stadler-Altmann, Ulrike: Das Zeitgedicht der Weimarer Republik. Mit einer Quellenbibliographie zur Lyrik im ersten Drittel des 20. Jahrhunderts (1900–1933). Hildesheim: Olms-Weidmann, 2001. [Quellenbibliographie S. 261–859.]

Verzeichnis der Gedichtüberschriften und -anfänge